教会への証

第2巻

（分冊1）

エレン・G・ホワイト著
山地 明訳

福音社

TESTIMONIES FOR THE CHURCH
VOL.2

by

ELLEN G. WHITE

JAPAN PUBLISHING HOUSE
JAPAN

目次

教会への証　第十五（一八六八年）

教会への証　第十六（一八六八年）

第二巻の背景

『教会への証』第一巻は、主として、新しく設立された残りの教会の教え、経験、事業の開始と進展に関連する勧告を提示していますが、第二巻は、そのほとんどがこの教会員個人の信心深い行為で占められています。現在第一巻としてまとめられた『教会への証』の一四の小冊子が出版されたこの一三年の間に、出版事業が確立され、教会が組織され、教会の経済体系が確立されました。そして、教会は大規模な健康プログラムを立ち上げました。最後の記事が書かれた時、文書はミシガン州バトルクリークのレビュー・アンド・ヘラルド社から安定的に出版されていましたし、その近くにある新しく設立された衛生院は、全面稼働していました。南北戦争の暗い年月は過ぎ去り、教会にとっての好機の時代でした。教会に課された任務は、与えられた土地を守りつつ、その地境を拡大していくことでした。教会の継続的成功への必須事項は、教会員一人ひとりの誠実さでした。

一八六八年の初期、現在第一巻の終わり近くに見られる記述の中で説明されているように、エレン・ホワイトは、教会全体の益のために、それまでは一般に配布されてこなかったある人たちの個人的証を出版し始めました。これらの個人的証について、彼女は次のように述べています。「これら個人的な証のすべては、同じような状況にある他の幾百幾千の人々に当てはまる譴責《けんせき》や教訓を多少なりとも含んでいる。これらの証は、彼らの事例にふさわしいと神が思われた光を持っているはずです」(『教会への証』第一巻〔英文〕六三一ページ)。

一八六八年二月から一八七一年五月までの三年間に、教会員に個人的に宛てられたこれらの教訓が『教会への証』第十五～二十の内容のほとんどすべてとなっていて、それが本著第二巻の中に収められています。この教訓は要点をつき、実践的で、うわさ話、食欲の放縦、さらに、結婚関係から、誤った熱意、強欲、熱狂主義に至るまで、個人的経験や宗教的関心のほとんどすべての分野を取り扱っています。

本著第二巻で取り扱われている時代の初めの頃、ホワイト長老夫妻は、長老の健康状態のため、ミシガン州グリーンヴィルにて休職中でした。彼らは、間もなくミシガン近郊の州を回り、信徒たちと集会活動を再開しました。一八六八年一一月、彼らは居を構えるために、バトルクリークに帰りました。

その二か月前の一八六八年九月、ミシガン州ライトにおいて、キャンプ・ミーティングが開催されました。このような集会が持たれるのは初めてでしたが、これが出席者たちにとって大きな祝福であることがわかったので、それ以降は州のカンファレンスの定期的なプログラムの一貫として、キャンプ・ミーティングが毎年開催されるようになりました。ホワイト長老夫妻は必ず招待されたので、それ以降の夏の間はほとんど、この定例集会で過ごしていました。第二巻の後半部分には、このような「大集会」に関する勧告が収められています。

第二巻で扱われている三年間に、現代の真理の神のみ業において励みとなる進展がありました。バトルクリークの健康施設は、失望を与える暗い時代を通過し、今や繁栄の時代に突入しました。一八六八年後半、J・N・ラフボローとD・T・ボーデューの二人の長老は、太平洋岸でセブンスデー・アドベンチストの松明《たいまつ》に点火しました。同年、欧州で安息日を遵守する五十人のアドベンチストの集会所が、バトルクリークにいる世界総会の兄弟たちと連絡をとるようになり、翌年、彼らへの宣教師の派遣を請願するため、太洋を越えて一人の代表者を送りました。

しかし、こういった増加と進展に伴い、敵は、教会員の霊性を低下させ、世とその魅力を愛させ、教会に批判の精神のパン種を発酵させ、慈善の泉を干上がらせ、特に若者たちを彼の陣営に引き入れるための熱心な働きを続けました。これらの危険な傾向に対抗して、ホワイト夫人は神の使者として、声とペンによって、彼女のメッセージを忠実に熱心に伝え、教会員に誠実と正義の神の標準に注意を引くために呼びかけました。

あるときには、ホワイト夫人に、一つの教会にいる幾人かの個人の経験に関する啓示が与えられました。集会でこれらの個人的な証を伝えた後、彼女は指示を書き留め、それをその人のいる教会に送りました。このような手紙の内容も第二巻には含まれています。

七一一ページに及ぶ第二巻の注意深い読者は、取り扱われている主題の多種多様性にばかりではなく、この短期間に書かれた、このような個人的証に関する文書の量の多さに強い印象を受けるに違いありません。しかし、出版されたものは、この期間にホワイト夫人が書いたもののほんの一部であることを特筆しておきます。

証の第十五ができ上がる数週間前、ホワイト長老は『レビュー・アンド・ヘラルド』誌に、ホワイト夫人から口頭の証を与えられた人々に、それらが執筆されるまで辛抱強く待ってほしいと頼む記事を載せました。この働きに対するホワイト夫人の不撓不屈の精神に関して、彼は次のように述べています。

「この分野の働きにおいて、彼女はおよそ二か月分の仕事が手元にあります。東部旅行中も彼女は証を執筆するために、あらゆる空き時間を活用していました。他の人々が説教したり、話したりしている集会中にも、多くの証を書きました。この働きにあまりにも集中して取り組んだので、帰ってから、彼女は健康と力を損ないました。彼女は、通常一日に二〇ページから四〇ページ書きました」(『レビュー・アンド・ヘラルド』一八六八年三月三日号)

『教会への証』の第十五が完成して、ホワイト夫人がどんなに安堵したか、また大いに必要とされる休息をどんなに心待ちにしていたか、わたしたちは十分に想像できます。しかし、十日後には、彼女に委託された多くのメッセージを伝える仕事に向かって、再び飛び込んだのでした。六月一二日金曜日の夜、彼女はバトルクリークにて、「若者全般に対して」また「個人的に数人に向かって」十時近くまで話していました。その時に関してホワイト長老は、次のように報じています。

「舞台の講壇の前で、非常に厳粛かつ堂々とした態度で話していた時、神の力が彼女に下り、その瞬間、彼女は絨毯《じゅうたん》の上に倒れ、幻に入りました。多くの人々は、この光景を初めて目撃して驚き、それが神の働きであるという完全な満足感を感じました。この幻は、二十分間続きました」(『レビュー・アンド・ヘラルド』一八六八年六月一六日号)

実際に数えてみると、『教会への証』第二巻の内の一二〇ページ分(英文)は、この一八六八年六月一二日の幻の中で、教会や個人に対して与えられた勧告が書かれたものであることは明らかです。そしてこれよりも多くのページには、同年一〇月二日、アイオワ州パイロットグローブにおいて、および、同年一〇月二五日、ニューヨーク州アダムスセンターにおいて与えられた幻が書かれています。

これら多くの幻は、ホワイト夫人を絶え間のない執筆作業に導きました。一八七〇年、ミシシッピー川を船で上った旅行の報告の中で、ホワイト長老は記しています。

「ホワイト夫人は、今書いています。なんとかかわいそうな女性でしょう！ 休息し、美しい光景と楽しい社交を満喫すべき時に、あれやこれやのためにほとんど永久に書き続けることは、あまりにも苛酷に思えます。しかし、神が祝福し支えておられるのですから、わたしたちは甘んじて受け入れなければなりません」(『レビュー・アンド・ヘラルド』一八七〇年七月五日号)

当初は特定の人に個人的に宛てられたこれら多くの証が、教会にとって、なんと大きな祝福となったことでしょう。今日の教会員がこの熱心な勧告や警告を読んだとき、初代のセブンスデー・アドベンチスト教会の問題や誘惑、特権は、今日の自分自身の問題や誘惑、特権であることに必ず気づきます。わたしたちは、これらのメッセージを特に大切にしています。なぜなら、エレン・ホワイト自身が、第二巻の冒頭の序文の中で次のように述べているからです。「主がわたしに示してくださったことほど、提示の方法として直接的で説得力のあるものは他にありません」

エレン・G・ホワイト著書管理委員会

教会への証　第十五（一八六八年）

第1章　序文

わたしの兄弟姉妹たちは、証第十五がこんなに早く出されるとは思ってもいないでしょう。しかしわたしは手元に多くの個人的な証があったので、その中のいくつかを以下のページに書きました。また、一般的な危険や誤謬《ごびゅう》に関するわたしの見解、そして、神を愛し、神の戒めを守るすべての人々の義務を提示するには、これらの証を伝えることがいちばんよいとわたしは思います。おそらく、主がわたしに示してくださったことほど、提示の方法として直接的で説得力のあるものは他にありません。

証第十四が、世界総会の数日前に皆さんの手元に届くことが重要だと思われましたので、第十四は、計画していた重要な事柄の準備の時間がないまま、急いで出版されました。そのため、第十四の中でこの事柄を取り扱う余地はありませんでした。それで、証第十五のための十分な資料が手元にありますので、神の愛する民の益のために、神の祝福が伴いますようにと祈りながら、わたしは証第十五を皆様に提示する次第です。

第2章　経験点描

一八六八年二月七日～五月二〇日

東部から帰宅して、巡回旅行と働きの感動がおさまった頃、この旅行が、疲労の激しい働きであったことを改めて強く感じました。多くの人々が、主がわたしに示され、わたしが彼らに伝えた自分たちに関する事柄を書くようにと、手紙で強く訴えてきました。さらに、わたしが直接本人たちと話していなかった多くの人々にも同じように重要で緊急を要する事例がありました。しかし、その時の疲れた状態では、こんなに多くの執筆作業は、わたしにはとても耐えられないと思われました。失望感がわたしを襲い、虚弱状態に陥り、その状態が数日間続いて、しばしば失神しました。心身のこのような状態の中で、わたしは、こんなに多くの事柄を、こんなに大勢の人々に、しかもそうするに値しない人もいるのに、書く義務が果たしてわたしにあるのか、と疑問に思いました。この事柄のどこかに間違いがあるに違いない、とわたしには思えました。

二月五日の夕刻、アンドリュース兄弟が、わたしたちの礼拝所で人々に話しました。しかし、その夕べのほとんどの時間、わたしは失神して、息切れした状態で、夫に支えられていました。アンドリュース兄弟は集会から帰ると、わたしのために特別な祈りをささげてくれました。それでわたしは幾分楽になりました。その夜、わたしはよく眠り、朝には驚くほど楽になり、元気が出ました。

わたしは、一人の人が白い織物を持って来て、すべてのサイズおよび、すべての性格や境遇の人々の衣服を作るため、その服地を裁断するようにと命じた夢を見ました。そして、必要なときにすぐに作れるように、すべてを裁断し、それらを吊るしておくようにと言われました。わたしが裁断した布で作られる服が与えられることになっている人の多くは、それに値しないという印象をわたしは受けました。それが、わたしが裁断する最後の布地であるかどうかを尋ねたところ、そうではない、と告げられました。一つの裁断が終わるや否や、別の布地が与えられました。やるべき仕事の量の多さに失望を感じ、わたしは、二十年以上も他人の衣服の裁断に従事してきたこと、また、わたしの働きが理解されず、また、たいした成果も上げていないことを述べました。わたしは布を持ってきた人に、わたしが切った布で作った服が与えられることになっているある女性について話しました。彼女は衣服を大事にするような人ではない、従って、彼女に衣服を与えることは時間と材料の無駄になる、とわたしは述べました。彼女は、非常に貧しく、知的にも劣り、生活習慣もだらしないので、すぐにそれを汚してしまうでしょう。

するとその人は、次のように答えました。「裁断しなさい。それがあなたの務めです。損失はあなたのものではなく、わたしのものです。神は、人が見るようにはご覧になりません。神は、ご自身がなさろうとする働きの準備を整えられます。あなたは、どちらの働きが――こちらか、それともあちらか――繁栄するかを知りません。このように貧しい多くの魂がみ国に入る一方で、人生のすべての祝福に恵まれ、立派な才能と快適な環境により、向上のためのあらゆる利点が与えられている人々が、取り残されることが判明するでしょう。これらの貧しい魂は、自分たちに与えられたかすかな光に忠実に生活してきましたし、手にしている限られた資金を用いて向上してきました。このように彼らは、豊かな光と向上のための十分な資金を享受してきた他の人々よりも、はるかに神の意にかなった生活をしていました」

それからわたしは、大ばさみを長時間使ってタコのできた両手を上げ、このような労働を続けると考えると、たじろぐだけです、と述べました。するとその人は、再び繰り返し言いました。「裁断しなさい。あなたが解放される時はまだ来ていません」

ひどい疲れを感じながら、わたしは仕事をするために立ち上がりました。目の前に、新しい、磨かれた大ばさみが置かれていたので、わたしはそれを使い始めました。すると直ちにわたしの疲労感と失望は消え、大ばさみは、ひとりでにスイスイと動いているかのようで、こうしてわたしは、比較的容易に、次から次へと裁断できました。

この夢がわたしに与えた励ましを抱いて、わたしは、夫とアンドリュース兄弟に同伴して、グラティオット、サギノー、そしてタスコラの三郡に行くこと、主が働く力をわたしに与えてくださることを信じると決意しました。そこで、二月七日、わたしたちは家を離れ、四五マイル馬車に乗って、約束のあったアルマに着きました。ここでわたしは、快適に働けるくらいの自由と力をもって、いつものように働きました。グラティオット郡の友人たちは、興味深く聞いているようでしたが、彼らの多くは、健康改革と一般的な備えの働きにおいて随分遅れていました。この人々は、このメッセージの働きと精神が繁栄するために必要な秩序と有用性に欠けているようでした。しかし、アンドリュース兄弟は、三週間後に彼らを訪問し、共に有益な時を楽しみました。

わたしにとって励みとなる事柄もありました。わたしが一つの家族に宛てて書いた非常に鋭い証が、その人々の益となるものとして受け止められたのです。わたしたちは、その家族に今でも深い関心を抱いていて、彼らが主にある繁栄を喜ぶことができるようにと、熱心に願っています。また、グラティオット郡における神のみ業に関してわたしたちは幾ばくかの失望を感じてはいますが、彼らが助けの必要を強く感じるときには、わたしたちは喜んで兄弟たちを助けたいと思っています。

アルマでの集会に、サギノー郡のセント・チャールズとティタバワシーから出席した兄弟がいました。そして、わたしたちに、ぜひとも自分たちのところに来るようにと、強く勧めました。わたしたちはこの時点では、この郡に行くことを計画しておらず、もし道が開ければタスコラ郡を訪問しようとしていました。しかしタスコラからの音沙汰がなかったので、わたしたちはティタバワシーを訪問することを決めました。その間もタスコラ郡宛に、わたしたちがそこで必要とされているかどうかを尋ねる手紙を書きました。ティタバワシーで、最近わたしたちの民によって建てられた大きな礼拝の家が、安息日遵守者たちで満たされているのを見て、予想外の喜びに満たされました。兄弟たちは、わたしたちの証に対して備えられているようで、わたしたちは自由を喜びました。この場所におけるA兄弟の忠実な働きを通して、大いなる善い業がなされていました。その後、多くの激しい反対と迫害がありましたが、これも、話を聞くためにやって来た人々によって溶けるようになくなりました。

わたしたちの働きは、すべての人々に良い印象を与えたようでした。わたしは、この場所で一週間に十一の集会に出席し、一時間から二時間、数回話し、他の集会でも何らかの役割を果たしました。ある集会では、安息日を守っている人々に、前進し、十字架を担う決心を促す働きがなされました。これらのほとんどの人々の務めは、バプテスマを受けることでした。わたしの直近の幻でわたしは、真理が宣べ伝えられ、わたしたちが訪問すべき教会が設立される場所を見ました。ここは、そういった場所の一つでした。わたしは、ここの民に対して特別な興味を感じました。会衆の中のある人々の事例が、わたしの前に開かれ、彼らのための働きの霊がわたしに下り、それをわたしは払い除けることができませんでした。およそ三時間、わたしは彼らのために働きました。その時間のほとんどは、深い憂慮による訴えでした。全員がこの機会に十字架を取り、祈りのために前方に出てきて、ほぼ全員が話しました。翌日、十五人がバプテスマを受けました。

ここにいる民を訪問する人は誰でも、神のみ業におけるA兄弟の忠実な働きの重要性に深く感じ入ることでしょう。彼の働きは、この真理が宣べ伝えられてこなかった場所に入ることで、わたしたちの民がこの特別な働きから彼を取り除く努力をやめるようにと望んでいます。謙遜な精神を抱いて、主のみ腕に寄りすがりながら、彼は前進し、多くの魂を悪の力から救い出すことができます。神の祝福が引き続き彼と共にありますように。

この場所におけるわたしたちの一連の集会が終わりに近づいた頃、タスコラのスプーナー兄弟がわたしたちの所にやって来て、タスコラを訪問するようにと頼みました。わたしたちは、彼が月曜日に帰るので、彼に約束を伝えてもらい、バプテスマ式の後、木曜日にタスコラに向かいました。ヴァサーでわたしたちは、安息日と日曜日にユニオンの学校の校舎で集会を持ちました。ここは、自由に話すことができる場所でしたので、わたしたちは働きの良い実を見ました。日曜日の午後、およそ三十人の長欠者たちと、信仰を告白したことのない子どもたちが前に出てきました。これは、非常に興味深く有益な集会でした。ある人々は、神のみ業から身を引いていて、わたしたちは彼らのために特に働きたいと感じました。しかし、時間は短く、わたしたちは働きを終わらないまま離れなければならない、とわたしには思えました。しかし、わたしたちの約束は、セント・チャールズとアルマに行くことでしたので、彼らに会うためには、わたしたちのヴァサーでの働きは、月曜日に終わらなければなりません。

その夜、タスコラ郡のある人々に関する幻の中でわたしが見ていた事柄が夢の中でよみがえってきたので、あの人々に対するわたしの働きはまだ終わっていないということがよりはっきりとわかりました。しかし、わたしたちの約束通りに進むしかないこともわかっていました。火曜日、わたしたちは三二マイル移動してセント・チャールズに到着し、その夜はグリッグス兄弟宅に泊まりました。ここでわたしは、証を一五ページ書き、夕刻の集会に出席しました。水曜日の朝わたしたちは、もしアンドリュース兄弟がアルマでの約束を果たし終えたら、タスコラに戻ることを決めました。彼もそれに同意しました。その朝、わたしはさらに一五ページ書き加え、集会に出席し、一時間話しました。それからわたしたちは、グリッグス夫妻と一緒に、三三マイル馬車に乗り、タスコラのスプーナー兄弟宅に着きました。木曜日の朝、わたしたちは、一六マイル離れたところにあるワトラスヴィルに行きました。わたしは一六ページ書き、夕刻の集会に出席し、そこで、一人の出席者に非常に率直な証を与えました。翌朝わたしは、朝食前に一二ページ書きました。それからタスコラに戻って、さらに八ページ書きました。

安息日の午前中、わたしの夫が話し、わたしはそれに続いて食事前に二時間話しました。それから集会はしばらく閉じられ、わたしは少しばかりの食事をいただき、その後親睦の集いで一時間話し、幾人かの出席者への率直な証を伝えました。これらはおおむね、謙遜と感謝の気持ちで受け入れられました。しかし、すべての事柄がそのように受け入れられた、とは言えませんでした。

翌朝、わたしたちが一日の骨の折れる働きに従事しようと、礼拝の家へ出かけようとしていたとき、ある姉妹がやってきました。彼女に対してわたしは、判断力や注意力が欠けていて、言葉と行動を十分に統御していないという証を持っていました。自分の夫と一緒に来た彼女は、まったく受け入れられないと動揺する感情をあらわにしました。彼女は話したり泣いたりし始めました。彼女は、わずかばかり不満をつぶやき、わずかばかり罪を告白し、少なからず自己を正当化しました。彼女は、わたしが彼女に対して述べてきた多くの事柄について、誤った考えを持っていました。わたしが彼女の欠点を公に表したので、プライドが傷つけられたのでした。これが明らかにいちばん困難な問題点でした。

しかし、なぜ、彼女がこのように感じなければならなかったのでしょうか。兄弟姉妹たちは、これらの事柄がそのとおりであることを知っていました。ですから、わたしは何も新しいことを彼らに知らせたのではありませんでした。しかし、それは彼女自身にとっては新しいことであったことを、わたしは疑いません。彼女は自分自身を知っていなかったので、自分自身の言葉と行動について適切な判断ができなかったのでした。これは、ある程度、ほとんどすべての人々についての真実な姿です。従って、教会における忠実な譴責《けんせき》と、明白な証を愛するようになるための全教会員の教化育成が必要なのです。

彼女の夫は、彼女の欠点を教会の面前にわたしが明らかにしたことを受け入れられないと感じているようでした。そして、もしホワイト姉妹が、マタイ一八の一五～一七に記されているわたしたちの主の指示に従っていたならば、自分は傷つけられたと感じなかったはずだ、と述べました。「兄弟があなたに対して罪を犯したなら、行って二人だけのところで忠告しなさい。言うことを聞き入れたら、兄弟を得たことになる。聞き入れなければ、ほかに一人か二人、一緒に連れて行きなさい。すべてのことが、二人または三人の証人の口によって確定されるようになるためである。それでも聞き入れなければ、教会に申し出なさい。教会の言うことも聞き入れないなら、その人を異邦人か徴税人と同様に見なしなさい」

その時わたしの夫は、わたしたちの主のこの言葉は、個人的不正の事例に言及したものなので、この姉妹の問題に適用することはできないことを理解すべきだ、と述べました。彼女は、ホワイト姉妹に対して不正をしていたわけではありませんでした。公に譴責されていた事柄は、教会と神のみ業の繁栄を脅かす、公になされた悪事でした。わたしの夫は、この事例に適用される聖句がここにある、と言いました。Iテモテ五の二〇です。「罪を犯している者に対しては、皆の前でとがめなさい。そうすれば、ほかの者も恐れを抱くようになります」

その兄弟は、クリスチャンらしく彼の誤りを認め、この事柄を受け入れられたようでした。前日の安息日午後の集会以降、彼らはこの事柄に関する多くのことを、驚くほど拡大し、誤って受け取ったことは明らかでした。それゆえに、その証を書き下ろしたものを読んではどうかと提案されました。読み終わったあと、それによって譴責されたこの姉妹は、次のように尋ねました。「これが昨日、あなたが述べたことなのですか」。わたしは、そうですよ、と答えました。彼女は驚いた様子でした。そして、書かれた証をすっかり受け入れたようでした。これをわたしは、写しを保管しないで、彼女に与えました。ここでわたしは間違いを犯しました。しかしわたしは、彼女と彼女の夫に対して、あまりにもやさしい、思いやりの気持ちを抱き、彼らに繁栄してほしいとあまりにも熱烈に思っていたので、この件では、わたしは身についていた習慣を破ったのでした。

既に集会の開始時間は過ぎていたので、わたしたちは一マイル半の距離を急いで、待っている会衆のところに行きました。読者は、果たしてその朝の出来事があったとしても、わたしたちが人々の面前に立つに必要な思想と神経を集中することができたかどうかと考えるかもしれません。しかし、そういったことを考慮できる人はいるのでしょうか。ある人々は考えるかもしれませんし、他方、衝動的で不注意な人々は、たいてい、わたしたちが話す直前や、話し終えて完全に疲れ果てているときに、重荷と試練を抱えてやって来るのです。しかし、わたしの夫は、彼のすべての精力を奮い起こし、要請に応えて、律法と福音に関して自由に話しました。

わたしはその午後、メソジストの信者たちが最近献堂した新しい祈りの家で話すようにと招待を受けていました。この広くて快適な建物は、人であふれていて、多くの人々は立っていなければなりませんでした。わたしは、わたしたちの主によって繰り返し与えられた二つの重要な掟の最初の掟に関して、一時間半ほど自由に話しました。それは、メソジストの牧師が午前中話していたものと同じ主題であったことがわかって、わたしは驚きました。牧師と彼の教会員たちは、わたしが何を話すのかを聞こうと、出席していました。

その日の夕べ、わたしたちは、スプーナー兄弟宅にて、ミラー、ハッチ、ハスケルらの兄弟たち、および、スタージェス、ブリス、ハリソン、マリンらの姉妹たちと貴重な対話の時を持ちました。わたしたちは今、タスコラ郡におけるわたしたちのさしあたっての働きは終わった、と感じています。わたしたちは、この地の親愛なる人々に非常に大きな関心を持ち始めました。しかし、わたしが証を伝えた前出の姉妹がサタンにつけこまれて、この民に問題を生じさせるのを恐れました。わたしは、彼女がこの事柄の真相を見抜くことができるようにとの熱烈な願望を感じています。彼女が追求してきた道は、教会の内外における彼女の影響力を破壊していました。しかし今、もし彼女が必要な譴責を受け入れ、それによって向上しようと謙虚に求めるならば、教会員は、彼らの心の中に彼女を新たに受け入れ、人々は彼女のキリスト教信仰を尊重することでしょう。さらにそれよりなおよいのは、彼女が、愛する贖い主の満足げなほほ笑みを喜ぶことができるということです。彼女は、この証をすべて受け入れるかどうかを、わたしは心配していました。彼女が受け入れず、この郡の兄弟たちの心が彼女の出来事で悲しむことになることを、わたしは恐れました。

帰宅後、わたしは、証の写しを求めて彼女に手紙を出しました。ところが、四月一五日に、一八六八年四月一一日の日付の以下の手紙をデンマークから受け取りました。「ホワイト姉妹へ、先月二三日のあなたの手紙が手元にあります。すみませんが、あなたの要求にわたしは応じることができません」

わたしは、この家族に対する親愛の情を抱き続けるでしょうし、これからもできるときには、喜んで彼らをお助けします。わたしが心を込めて対処した人々からのこのような仕打ちがわたしに悲しみの影を投げかけていることは事実です。しかし、わたしの進むべき道は非常に明らかに示されてきましたので、このような出来事があっても、義務の道から逸れることはできません。

郵便局から、上述の手紙を手に、幾分陰鬱を感じながら帰宅すると、わたしは聖書を手に取り、その中から慰めと支えを見つけたいと祈りつつ開きました。わたしは直ちに、以下の預言者の言葉に目を留めました。「あなたは腰に帯を締め／立って、彼らに語れ／わたしが命じることをすべて。彼らの前におののくな／わたし自身があなたを／彼らの前でおののかせることがないように。わたしは今日、あなたをこの国全土に向けて／堅固な町とし、鉄の柱、青銅の城壁として／ユダの王やその高官たち／その祭司や国の民に立ち向かわせる。彼らはあなたに戦いを挑むが／勝つことはできない。わたしがあなたと共にいて、救い出すと／主は言われた」（エレミヤ一の一七〜一九）。

わたしたちは、雪を運び去っていった豪雨が降る直前に、この旅行から帰宅しました。この嵐のために、次の安息日の集会はできませんでした。そこでわたしは、証第十四の資料の準備を直ちに始めました。わたしたちは、また、親愛なるキング兄弟の世話をする特権を得ました。彼は、頭と顔に恐ろしいほどの傷を負っていたので、わたしたちは彼を家に運んできました。わたしたちは彼に、わたしたちの家で臨終を迎えてもらおうと連れてきました。というのは、頭蓋骨があんなにひどく骨折している人が回復するとは、到底考えることができなかったからです。しかし、水の非常に控えめな使用、熱の危険が去るまでの質素な食餌療法、さらに、日夜を通じて十分な換気ができる部屋などを神が祝福されたので、三週間後には、彼は自宅に帰り、彼の楽しみである畑仕事につくことができました。彼は、最初から最後まで、一粒の薬も飲みませんでした。彼の傷からの出血と質素な食事によって、彼は相当に痩せましたが、彼が多くの食事を自由に取ることができるようになると、急速に体重を取り戻しました。

およそこの頃から、わたしたちはグリーンヴィルの近くにいる兄弟姉妹たちのための働きを始めました。他の多くの場所と同じように、わたしたちの兄弟は、助けを必要としていました。安息日を守っていても、教会に属していない人々、また、安息日を守ることを止めてしまい、助けが必要な人々がいました。わたしたちは、これらの哀れな魂を助けたいという気持ちは持っていましたが、これらの人々と関わっている教会の指導的信徒たちの過去の歩みや現在の姿勢は、わたしたちがこれらの魂に近づくことをほとんど不可能にしていました。過ちを犯した人々への働きにおいて、わたしたちの兄弟のある人たちは厳しく注意を与える際、あまりにも感情を傷つけてきました。ある人たちが指導的信徒たちの勧告を拒んで、彼らから離れたい気持ちになったとしたら、彼らは、「まあ、わたしたちは去る者は追いません」と言うのです。このような同情と忍耐とイエスの優しさの欠乏が、イエスの弟子と自称する人々によって表されると、サタンに打撃を与えられた、哀れで、誤っているこれらの経験不足の魂たちは、確実に信仰の挫折を味わうのでした。悪事や誤りの罪がどんなに大きくても、わたしたちの兄弟は、大牧者の優しさばかりではなく、哀れな迷える羊に対する彼の永遠不変の配慮と愛を表すことを学ばねばなりません。わたしたちの牧師たちは、毎週、汗を流して働き、講義をし、幾人かの魂が真理を受け入れると大喜びします。ところが、即座に断固とした態度をとる傾向にある兄弟たちは感情に身を任せ、「まあ、わたしたちは去る者は追いません」というような言葉を発して、牧師たちの働きを五分間で打ち壊してしまうのです。

多くの教会員の中にある悪事をまず矯正してしまうまでは、わたしたちの近くにいる散らされた羊のために、何もすることはできないことを、わたしたちは知りました。彼らが、これらの哀れな魂をさまよわせたのでした。彼らは、この人たちに対する何の重荷も感じていませんでした。事実、彼らは自分自身の殻の中に閉じこもり、霊的な運動不足のために、霊的な死を味わいつつあるかのようでした。彼らは、神のみ業全般を依然として愛していましたし、それを支える助けをしようとしていました。彼らは、神の僕たちに対して良い配慮をしました。しかし、寡婦、孤児、群れの中の弱者への配慮が決定的に欠如していました。全般的な神のみ業に対する幾ばくかの関心の他には、彼ら自身の家族以外の者には、明らかな関心はほんのわずかしかありませんでした。このように幅の狭い宗教によって、彼らは霊的な死を味わっていたのでした。

安息日を遵守し、集会に出席し、計画的に献金をささげ、それでも教会の外にいる人たちがいました。さらに、彼らがどの教会にも属するのに適しなかったことは事実です。しかし、指導的教会員たちがあの教会のある者たちのように、彼らに対して少しも、あるいは、まったく励ましを与えないでいたら、彼らが神の力によって立ち上がり、向上することはほとんど不可能なことでした。

わたしたちが、教会で働き、誤っている人に対して働く精神を彼らは持つべきであることを彼らに教え始めたとき、あの場所における神のみ業についてわたしが見てきたことがわたしの前に開かれました。そしてわたしは、大きな過ちを犯し、教会から出た人々に対してばかりではなく、失われた羊を探すために出て行くことをしないという大きな過ちを犯してきた教会員たちに対する率直な証を書きました。

さらに、これらの証が受けとめられた時の態度に、わたしはいまだかつてないほど失望しました。大きな間違いを犯してきた人々が、最も率直な証が彼らに対して公表されることによって譴責されたとき、彼らはそれらの証を受け入れ、涙を流しながら告白しました。しかし教会の中のある人々は、神のみ業と証の忠実な友であると主張しながらも、証が告げているほど自分たちが間違っていたという可能性を、ほとんど考えることができませんでした。彼らは、自分たちが自分自身と家族の殻に閉じこもる自分本意の人たちであること、他の人々への配慮に欠けており、排他的で、貴重な魂が滅びるままに放置してきたこと、高圧的で独善的になる危険の中にいることなどが告げられると、激しい動揺と試練の状態に陥りました。

しかしこの経験は、同じような試練の状態にある他の人々に対する忍耐を彼らに教えるために、まさに必要であったのでした。証に関して何ら試みにあうことはないだろうと確信していて、試練にあうまでそのように感じ続けている多くの人々がいます。彼らは、だれでも疑うことができることを不思議に思っています。彼らは、証に対する彼らの熱意を示すために、謙遜よりも自分の正しさを表明し、疑問を表す人に対して厳しく、彼らを切りつけ、深手を負わすのです。しかし、主がその悪事に対して彼らを譴責なさるとき、彼らは自分自身が水のように弱いことを悟ります。従って彼らは、この試練にほとんど耐えることができないのです。これらの事柄は、彼らに謙遜と自分の弱さ、柔和、そして誤っている人に対する永遠の愛を教えるはずです。

主は、過ちを犯している人、弱く震えている人、そして真理から背教してしまった人々にさえ、囲いの中に完全に入るようにとの特別な招きを与えておられるように、わたしには思えます。しかし、わたしたちの教会の中には、まさにそのとおりだと感じている人は、ほとんどいません。さらに、そのような人々を助けることができる立場に立つ人は、それよりも、なお少ないのです。これらの哀れな魂をじかに邪魔する人の方が多いのです。非常に多くの人々が、厳しいことを要求する心を持っています。彼らは、哀れな人々に助けの手を差し伸べる前に、これこれの間柄になることを、彼らに求めるのです。このようにして彼らは、哀れな人々を寄せつけようとはしないのです。彼らには、自分たちには、これらの失われた羊を探すために出ていくという特別な義務があることを、まだ学んでいません。彼らは、これらの人々が彼らのもとに来るのを待つべきではないのです。ルカ一五の一～七に記されている、失われた羊の心打たれるたとえ話を読んでください。

「徴税人や罪人が皆、話を聞こうとしてイエスに近寄って来た。すると、ファリサイ派の人々や律法学者たちは、『この人は罪人たちを迎えて、食事まで一緒にしている』と不平を言いだした。そこで、イエスは次のたとえを話された。『あなたがたの中に、百匹の羊を持っている人がいて、その一匹を見失ったとすれば、九十九匹を野原に残して、見失った一匹を見つけ出すまで捜し回らないだろうか。そして、見つけたら、喜んでその羊を担いで、家に帰り、友達や近所の人々を呼び集めて、「見失った羊を見つけたので、一緒に喜んでください」と言うであろう。言っておくが、このように、悔い改める一人の罪人については、悔い改める必要のない九十九人の正しい人についてよりも大きな喜びが天にある』」

ファリサイ派の人々は、イエスが徴税人や普通の罪人たちを受け入れ、彼らと一緒に食事をしていたので、不平を言いました。彼らは、イエスの言葉を喜んで聞くこれらの哀れな罪人たちを、彼らの独善性によって軽蔑しました。学者やファリサイ派の人々の中にあるこの精神を譴責し、すべての人々に印象的な教訓を残すために、主は、この失われた羊のたとえをお与えになりました。特に以下の諸点に注意してください。

九十九匹の羊が残されて、熱心な探索が失われた一匹の羊のためになされました。全精力がこの不幸な羊のために使われたのです。同じように、キリストの囲いから出てさまよっている教会員のために、教会の働きがなされるべきです。さらに、彼らが遠くでさまよっているとき、あなたが彼らを助けようとする前に彼らが帰るのを待つのではなく、彼らを捜すためにあなたが出て行くのです。

迷子の羊を見つけると、羊飼いは喜んでその羊を家に連れ帰り、大きな喜びがそれに続きました。これは、過ちを犯している人々に対する働きが祝福された喜びに満ちた働きであることを例証しています。この働きに成功裏に従事している教会は、幸福な教会です。その魂が、過ちを犯している人に対する同情と愛で惹きつけられ、彼らを大牧者の囲いに導くために働いている男女は、祝福された働きに従事しているのです。一人の罪人がこのように救い出されると、九十九人の正しい人についてよりも大きな喜びが天にあるとは、なんと魂を有頂天にさせる思想でしょう。

誤謬《ごびゅう》の中にいる人々を助けると、あたかも自分自身が汚されてしまうかのごとく考え、手を差し出すことを恐れている、利己的、排他的で、厳格な魂は、この伝道の働きのすばらしさを味わっていないのです。彼らは、さまよい出たひとりの魂の救いに全天が喜びに満たされるこのすばらしい祝福を感じていないのです。彼らは、自分たちの狭い見方と感情に閉じこもり、露も雨も降らないギルボアの山のように、干上がって実を結ばない人になりつつあるのです。強い人を労働から一切閉め出してしまうと、その人は虚弱になります。他の人々のために重荷を担うことから自分自身を閉め出し、自己の殻の中に閉じこもる教会や人々は、間もなく霊的虚弱に悩むでしょう。強い人を強く保つのは、労働です。同じように、霊的な労働、苦労、重荷を担うことは、キリストの教会に力を与える事柄なのです。

四月一八日と一九日の安息日と日曜日に、わたしたちは、グリーンヴィルにいるわたしたちの仲間と共に気持ちの良い季節を楽しみました。A兄弟、B兄弟がわたしたちと一緒にいました。わたしの夫は、八人にバプテスマを施しました。二五日、二六日にわたしたちは、ライトにある教会にいました。ここの親愛なる民は、いつもわたしたちを歓迎してくれます。ここでもわたしの夫は、八人にバプテスマを施したのです。

五月二日、わたしたちは、モンテレイの礼拝の家で大勢の会衆に会いました。わたしの夫は、見失われた羊のたとえについて、明快に力強く語りました。この言葉は、この民にとって大きな祝福でした。さまよい出た人々が教会の外にいるのに、彼らを助けるために働く精神はまったくありませんでした。事実、教会の中の強情で厳格で冷淡なある人々は、さまよってきた人たちが立ち返ろうという気持ちになると、彼らが帰るのを妨げようとくろみました。この主題は、すべての人々の心に触れ、全員が正しくなりたいという願いを表しました。日曜日にわたしたちは、アレガンにおいて熱心な会衆に、三回にわたり語りました。わたしたちは、九日にバトルクリークの教会の人々に会う約束がありましたが、モンテレイにおけるわたしたちの働きが始まったばかりであると感じたので、わたしたちはモンテレイに戻り、あの教会でさらに一週間働くことを決めました。

この良い働きは、わたしたちの期待以上に進行しました。家は、人でいっぱいになりました。モンテレイにおいてこんなに短い時間に、これほどの働きがなされるのを見たことはかつてありませんでした。日曜日に、祈りを求めて五十人が前方にやって来ました。兄弟たちは、見失われた羊のことを深く感じ、彼らの冷淡さと無関心を告白し、良い態度を取るようになりました。G・T・レイ兄弟とS・ラメリィ兄弟は、立派な証をして、兄弟たちから喜んで受け入れられました。一四人がバプテスマを受けました。そのうちの一人は中年に近い年齢で、これまで真理に反対してきた人でした。この働きには、厳粛さと罪の告白および多くの涙が先行していました。このようにして、カンファレンスの年の骨の折れる働きは終わりました。しかし、それでもわたしたちは、モンテレイにおける良い働きは決して終わってはいないと感じました。そこでわたしたちは、アレガン郡に戻って、数週間を過ごす計画を立てました。

過ぎたばかりのカンファレンスの年は、非常に興味深い期間でした。わたしの夫は、カンファレンスの多くの会議の期間、非常に多忙でしたので、彼は休息しなければなりません。前年のわたしたちの働きが、わたしたちの民から好意的に受けとめられたので、カンファレンスにおいて、同情と優しい配慮と慈悲の心がわたしたちに表明されました。彼らと共に、わたしたちは大いなる自由を喜び、相互の信頼と愛を喜びながら別れました。

第3章　キリストのために行う

わたしに示されてきた事柄からわかることは、安息日遵守者たちは、豊かさが増すにつれて、より利己的になっているということです。キリストと彼の民に対する彼らの愛は減少しています。彼らは、貧困者たちの欠乏を見ていませんし、彼らの苦難や悲しみを感じていません。貧しい人や苦しんでいる人をおろそかにすることによって、キリストをおろそかにしているのであり、貧しい人たちの欠乏と苦難をできる限り和らげることによって、イエスに仕えているのだということを、彼らは悟っていません。

キリストは、あがなわれた民に対して、次のように言われます。

「『さあ、わたしの父に祝福された人たち、天地創造の時からお前たちのために用意されている国を受け継ぎなさい。お前たちは、わたしが飢えていたときに食べさせ、のどが渇いていたときに飲ませ、旅をしていたときに宿を貸し、裸のときに着せ、病気のときに見舞い、牢にいたときに訪ねてくれたからだ』

すると、正しい人たちが王に答える。『主よ、いつわたしたちは、飢えておられるのを見て食べ物を差し上げ、のどが渇いておられるのを見て飲み物を差し上げたでしょうか。いつ、旅をしておられるのを見てお宿を貸し、裸でおられるのを見てお着せしたでしょうか。いつ、病気をなさったり、牢におられたりするのを見て、お訪ねしたでしょうか。』そこで、王は答える。『はっきり言っておく。わたしの兄弟であるこの最も小さい者の一人にしたのは、わたしにしてくれたことなのである』」（マタイ二五の三四～四〇）。

自己否定の働きが求められる善い業を忍耐して続ける勤勉な働き人になることは栄誉ある働きで、天はそれを見てほほ笑みます。忠実な働きは、熱烈かつ、最も神聖であると考えられる礼拝よりも、より神に受け入れられるものなのです。キリストと共に働くことこそ、真の礼拝なのです。祈祷、勧告、話は安価な実で、これらはしばしば綿密に結びついています。しかし、貧しい人、みなしご、やもめたちの世話などの善い業によって表される実は、真の実であり、良い木の上に自然に育ちます。
父である神のみ前に清く汚れのない信心とは、これです。すなわち、「みなしごや、やもめが困っているときに世話をし、世の汚れに染まらないように自分を守ること」（ヤコブ一の二七）です。良い行いこそ、キリストがわたしたちに結ぶようにと求めておられる実なのです。それは、貧しい人、必要を感じている人、苦しんでいる人への親切な言葉、物惜しみしない行為、優しい配慮です。心が失望と悲しみの重荷で沈んでいる心を思いやるとき、手が必要な人に向かって差し伸べられるとき、裸が衣で覆われ、見知らぬ旅人が、あなたの家の広間の座と、あなたの心の座に着くことを歓迎されるとき、天使たちは、すぐ近くにやって来て、それに応じる旋律が天で答えます。正義、憐れみ、物惜しみしないすべての行為は、天の音楽となるのです。玉座におられる天の父は、これらの憐れみの行為を行う人々をごらんになり、彼らをご自身の最も貴重な宝として数えられます。「わたしが備えているその日に、彼らはわたしにとって宝となると、万軍の主は言われる」（マラキ三の一七）。貧困にある人、苦しんでいる人に対する憐れみに満ちたすべての行為は、イエスに対してなされたものと見なされます。あなたが貧しい人を助け、苦しむ人や抑圧されている人に同情し、みなしごの世話をするとき、あなたは、イエスとのより親密な関係にあなた自身を置いているのです。

「それから、王は左側にいる人たちにも言う。『呪われた者ども、わたしから離れ去り、悪魔とその手下のために用意してある永遠の火に入れ。お前たちは、わたしが飢えていたときに食べさせず、のどが渇いたときに飲ませず、旅をしていたときに宿を貸さず、裸のときに着せず、病気のとき、牢にいたときに、訪ねてくれなかったからだ。』すると、彼らも答える。『主よ、いつわたしたちは、あなたが飢えたり、渇いたり、旅をしたり、裸であったり、病気であったり、牢におられたりするのを見て、お世話をしなかったでしょうか。』そこで、王は答える。『はっきり言っておく。この最も小さい者の一人にしなかったのは、わたしにしてくれなかったことなのである。』こうして、この者どもは永遠の罰を受け、正しい人たちは永遠の命にあずかるのである」（マタイ二五の四一～四六）。

ここにイエスは、苦しんでいる彼の民とご自身とを同一視しておられます。飢え渇いていたのは、わたしだった。見知らぬ旅人は、わたしだった。裸であったのは、わたしだった。病気であったのは、わたしだった。牢にいたのは、わたしだった。あなたが、いっぱいに広げられた食卓の食物を楽しんでいたとき、そこからさほど遠くないあばら屋の中や路上で、わたしは飢えていた。あなたがわたしに対して戸を閉めたとき、立派に整えられたあなたの部屋には空きがあるのに、わたしには頭を横たえる場所がなかった。あなたの洋服ダンスは、あなたが貧しい人に与えることができたはずのお金が不必要に浪費された、あり余るほどの晴れ着で満杯になっていた。わたしは、着心地の良い衣服を持っていなかった。あなたが健康を喜んでいたとき、わたしは病気だった。あなたが自由に散策していたとき、不運がわたしを牢に閉じ込め、足かせでわたしを縛り、わたしの霊をうなだれさせ、わたしの自由と希望を奪った。イエスご自身と、彼の苦しんでいる弟子たちとの間に存在する、なんという一体感をここでイエスは表現しておられることでしょう。イエスは、彼らの出来事をご自身のものとなさいます。彼は、まさに苦しんでいるその人とご自身を同一視なさいます。利己的なクリスチャンよ、考えなさい。極貧の人、みなしご、父亡き人へのすべての怠慢は、これらの人たちと一体となっておられるイエスへの怠慢であることを。わたしは、高等な職業についていて、その心が自己愛と利己心ですっぽりと覆われているので、わたしが書いている事柄をまったく理解できない人々を知っています。彼らは生活のすべてにおいて、自分のことだけを考え生きているのです。他の人たちのために犠牲を払うこと、他の人たちを益するために自分自身に不利益をもたらすことは、彼らにはまったく問題外のことなのです。神がこれを彼らに要求しておられるとは、彼らは思いもよりません。自我が彼らの偶像です。貴重な週、月、年が永遠の中に通り過ぎて行きます。しかし彼らは、親切な行為、他の人の益のために犠牲を払うこと、飢えている人に食物を与え、裸の人に着せ、見知らぬ旅人を招き入れることについての何の記録も、天に持っていません。危険を冒してでも見知らぬ旅人をもてなすことを受け入れられないのです。気前良く施しを与えようとするすべての人が尊い人であることをもし彼らが知っていたならば、彼らはこの方向で何かをしようとする気になるかもしれません。しかし、危険を冒してでも何かをすることに美徳が存在するのです。ひょっとしたらわたしたちは、天使たちをもてなすかもしれないのです。

世話をしなければならないみなしごたちがいます。しかし、ある人々は、それを引き受けるという危険を冒そうとしません。というのは、それは彼らが望む以上の働きを彼らにもたらし、自分自身の楽しみのための時間がほとんどなくなるからです。しかし、王が調査をするとき、これらの何もしない者、物惜しみする者、利己的な者たちは、天国は、キリストのために働いてきた人々、キリストのために自分自身を否定してきた人々のためにあるのだ、ということを悟るでしょう。常に自分自身のために愛と注意を向けて特別な世話をしてきた人々のためには、何の用意もなされていません。この事例の中で、王が彼の左側にいる人たちに宣告する恐ろしい刑罰は、彼らが大きな犯罪を犯したからではありません。彼らは、彼らが行った事柄に対して断罪されるのではなく、彼らが行わなかった事柄に対して断罪されるのです。天が、あなたにせよ、と委ねられた事柄をあなたは行わなかったのです。あなたは、自分自身を喜ばせたので、あなたの分け前を、自分を喜ばせてきた人々と共に受け取るのです。

わたしの姉妹たちに対してわたしは言いたいのです。物惜しみしない娘になりなさい、と。人の子は、見失われた者を探し、救うためにおいでになりました。もしあなたが、欠点のない子を見つけることができたら、その子を引き取り、世話をしよう、しかし、誤っている子に対して困惑すること、つまり、子に多くの事柄を捨てさせ、新しく教え、自制を教えることは、引き受けることを拒否したい働きであると、あなたは考えたかもしれません。無知な人に教え、これまでずっと悪いことを学んできた人たちを憐れみ、矯正することは、決して取るに足らない軽い仕事ではありません。しかし天は、まさにそのような仕事をあなたの途上に置かれたのです。それらは、隠された祝福なのです。

何年も前、神の民が、家のない人のための家を造るということで、この点に関して試されることを、わたしは示されました。真理を信じた結果、多くの人々が家を失うことになるからです。反対と迫害が、信者たちから家を奪うので、家のない人々のために戸を大きく開くことが、家を持っている人々の務めでした。最近になってわたしは、神がこの事柄に関連して神の民と公言している人々を特に試みると、示されました。キリストは、彼の貧しさによってわたしたちが富む者となるために、わたしたちのために貧しくなられました。彼は、天にあるより良い国を求めている、この世の巡礼者や旅人のための家を備えるために、犠牲を払われました。キリストの恵みの対象であり、永遠の世継ぎとなろうとしている人々が、家のない人やひどく貧しい人と家を分かち合うことを拒んだり、躊躇《ちゅうちょ》したりするでしょうか。イエスの弟子であるわたしたちが、彼らが家の居住者とは一面識もない人であるという理由で、旅人がわたしたちの家の中に入るのを拒むでしょうか。

使徒が与えた次の勧告は、この時代には何の力も持っていないのでしょうか。「旅人をもてなすことを忘れてはいけません。そうすることで、ある人たちは、気づかずに天使たちをもてなしました」（ヘブライ一三の二）。わたしは、わたしたちの民の間で利己心があらわになるのを見て、毎日痛みを覚えます。それを当然必要としている人々への愛と配慮の欠乏に対する警告がなされています。わたしたちの天の父は、わたしたちの途上に隠された祝福を置かれます。しかし、ある人々は、それが自分たちの安楽を損ねることを恐れて、その祝福に触れないのです。天使たちは、わたしたちが、自分たちができる善を行う機会を用いるかどうかを見ようと、――わたしたちが、他の人々を祝福し、彼らが返礼としてわたしたちを祝福するかどうかを見ようと――待っているのです。主ご自身が、わたしたちを異なる人――ある人を貧しく、ある人を金持ちに、ある人を苦難に遭う人――になさり、すべての人々が品性を成長させる機会が持てるようになさいます。貧しい人々は、わたしたちの心の中にあるものが吟味され、立証され、育てられるために、このように神によって意図的にその状態が許されているのです。

神の聖なる者たちを、自分たちの家や心に招じ入れない多くの人たちの言い訳を、わたしは聞きました。「だって、わたしは何も準備していないし、料理したものは何もありません。彼らは、どこか別の場所に行くべきですよ」。さらに、その場所でも、もてなしを必要としている人々を受け入れない、他の言い訳が出てくるかもしれません。その結果、来訪者たちの感情は、深く悲しみ、兄弟姉妹だと公言するこれらの人々のもてなしに関して、不快な印象を持って去っていきます。姉妹よ、もしあなたがパンを持っていなければ、聖書の中に見られる事例を真似ればよいのです。隣人の所へ行き、次のように言いなさい。「友よ、パンを三つ貸してください。旅行中の友達がわたしのところに立ち寄ったが、何も出すものがないのです」（ルカ一一の五、六）。パンを欠くということが、求めている人が入るのを拒む言い訳となり得るという実例はないのです。エリヤが、サレプタのやもめのもとに行ったとき、彼女は、神の預言者に食べ物を分け与えました。すると預言者は、奇跡を働き、神の僕をもてなし、食べ物を彼に分け与えるというその行為によって、彼女自身が支えられ、彼女と息子の命が保たれるようにしました。このように、もし人々が、神の栄光のために、これを喜んで行うならば、多くの人々にこのことが立証されることでしょう。

ある人々は、健康が優れないと訴え、もし自分に力がありさえすれば喜んで行うのだが、と言います。このような人々は、あまりにも長い間自分自身の殻に閉じこもり、あまりにもしばしば自分自身の哀れな感情に耽り、あまりにも多く自分の苦難、試練、苦悩を語り過ぎるので、その結果、これが彼らの現代の真理となっているのです。彼らは、他の人々がどんなに同情と援助を必要としていても、自分のことしか考えることができないのです。体が弱くて苦しんでいる人々よ、あなたへの治療薬があります。もしあなたが、裸の人に衣を着せ、さまよう貧しい人を家に招き入れ、飢えた人にあなたのパンを裂き与えるならば、「そうすれば、あなたの光は曙《あけぼの》のように射し出で、あなたの傷は速やかにいやされる」（イザヤ五八の八）のです。善を行うことは、病気の優れた治療薬です。この働きに従事している人々は、神を呼び求めるようにと招かれています。そうすれば、神は彼らに答えられると、自ら約束しておられるのです。彼らの魂は、日照りの中でも渇きがいやされ、彼らは、潤された園のように、その水は涸れることがありません。

兄弟姉妹たちよ、目を覚ましなさい。善い業を行うことを恐れてはなりません。「たゆまず善を行いましょう。飽きずに励んでいれば、時が来て、実を刈り取ることになります」（ガラテヤ六の九）。あなたのすべきことが告げられるまで、待たないでください。目を開き、周りにいる人たちを見てください。よるべのない人、苦しんでいる人、貧しい人たちと知り合いになってください。彼らから身を隠さず、彼らの必要に目を閉じようとしないでください。ヤコブの手紙の中で、誰が利己心や汚れに染まず、清く汚れのない信心を持っている証拠を与えているでしょうか。大きな救いの計画の中で、誰が援助するために自分ができる限りのことをしたいと考えているでしょうか。

わたしは、針仕事だけで、二人の小さな子どもたちを育てているひとりの寡婦を知っています。彼女は苦労でやつれ、青白い顔をしています。厳しい冬の間、彼女は自分自身と子どもたちを支えるために苦闘してきました。彼女はわずかばかりの援助を受けてきましたが、この件に関して、もっと大きな配慮を示したことで損害を感じる人がいるでしょうか。ここに、彼女の九歳と十一歳になる息子たちがいて、家を必要としています。キリストのために、誰が喜んで彼らに家を提供するでしょうか。

母親は、この気苦労と針仕事による厳重な監禁状態から解放されなければなりません。この少年たちは村の中にいて、唯一の保護者は多忙な母親です。彼らは、彼らの年齢でもできる働き方を教えられる必要があります。彼らは、忍耐深く、親切に、優しく教えてもらう必要があります。ある人は次のように言うかもしれません。「いいですとも、わたしが彼らを引き受けて、働き方を教えましょう」。しかし彼らは、これらの子どもたちが、働き方を教えられる以外に必要としている事柄を見失ってはなりません。彼らは、立派なクリスチャン品性を育てる方法を教わる必要があります。彼らは、愛と優しさを求めています。彼らは、この地で有用な人になり、最後には天への備えのためにふさわしくなる必要があります。利己心という着物を脱ぎ、あなたの家、あなたの同情、あなたの愛で、世の罪を取り除く神の小羊を彼らに指し示すことで、助け祝福することができるわずかな人がいるかどうか見てください。あなたは、魂を救うために犠牲を払いたいと願いますか。

愛する救い主イエスは、あなたのために家を備えておられます。ですからあなたも、家を必要としている人々のために家を備え、それによってあなたの主の模範に従うべきではないでしょうか。もしあなたがこれをする気がなければ、あなたが天の住まいを必要だと感じるときに、何の報いも得られないでしょう。キリストが次のように宣言しておられるからです。「この最も小さい者の一人にしなかったのは、わたしにしてくれなかったことなのである」(マタイ二五の四五)。あなたはこれまでの人生において、自分自身の安易と利得を学習し、利己的に過ごしてきました。あなたの恵みの期間は速やかに閉じつつあります。自己中心的で無益なあなたの人生を買い戻すために、あなたは何をしていますか。目を覚ましなさい！　目を覚ましなさい！

あなたの永遠の関心事を考えるとき、起き上がって、良い種を蒔き始めなさい。あなたが蒔いたものを、あなたが刈り取ることになるからです。収穫の時——わたしたちが蒔いてきたものを、わたしたちが刈り取る大いなる収穫の時——がやって来ます。収穫物には誤りはないでしょう。収穫は確かです。今は種まきの時です。今、善い業に富む人となるために努めるのです。「善を行い、良い行いに富み、物惜しみをせず、喜んで分け与えるように。真の命を得るために、未来に備えて自分のために堅固な基礎を築くようにと」(Ｉテモテ六の一八、一九)。いたるところにいるわたしの兄弟たち、わたしはあなたに懇願します。あなたの氷のような冷淡さを捨て去りなさい。助けを必要としている人々をもてなす愛、助ける愛をあなたのうちに育てなさい。

あなたは、今まで自分の慈善心に値しない人々を引き取り、資金を注いできたので、貧しい人たちを助けようとすることに落胆しました、とあなたは言うかもしれません。わたしはあなたの前に、イエスを提示します。彼は堕落した人を救うため、彼自身の国に救いをもたらすためにおいでになりました。しかし彼らは、彼を受け入れようとしませんでした。彼らは、彼の慈愛に侮辱と軽蔑で応じ、最後には、彼らに命を与える目的でおいでになった彼を殺しました。わたしたちの主は、この理由で、堕落した人類に背を向けたでしょうか。たとえ善をなそうとするあなたの努力が、九九回不成功に終わり、侮辱と非難と憎しみだけを受けたとしても、もし百回目で成功を収め、一人の魂が救われるならば、なんという勝利が実現することでしょう！　一人の魂がサタンの手からもぎ取られ、一人の魂に益が与えられ、一人の魂が励ましを受けたのです。これは、あなたのすべての努力に対する千倍の報いとなるでしょう。あなたに対してイエスは次のように言われるでしょう。「わたしの兄弟であるこの最も小さい者の一人にしたのは、わたしにしてくれたことなのである」（マタイ二五の四〇）と。わたしたちの神である主の人生に真似るために、わたしたちができるあらゆることを喜んですべきではないでしょうか。

多くの人々は、他の人々の善のために犠牲を払うという考えに尻込みします。彼らは、他の人々を助けるために、進んで苦しもうとはしません。他の人々の益のために自分自身が不利益を被ることは、自分には要求されてはいない、と彼らは自分勝手に考えます。このような人々に対してわたしたちは言います。イエスがわたしたちの模範だと。

ゼベダイの二人の息子たちが神の国において、一人はイエスの右に、もう一人はイエスの左に座らせていただけるようにという要求がなされたとき、イエスは次のように答えられました。「『あなたがたは、自分が何を願っているか、分かっていない。このわたしが飲もうとしている杯を飲むことができるか。』二人が、『できます』と言うと、イエスは言われた。『確かに、あなたがたはわたしの杯を飲むことになる。しかし、わたしの右と左にだれが座るかは、わたしの決めることではない。それは、わたしの父によって定められた人々に許されるのだ』」（マタイ二〇の二二、二三）。何人の人が、「わたしたちはその杯を飲むことができます、わたしたちはそのバプテスマを受けさせていただくことができます、と本当に理解した上で答えることができるでしょうか。何人の人が偉大な模範者を真似ているでしょうか。キリストに従う者であると公言したすべての人々は、この一歩を踏み出すことによって、キリストが歩かれたように自分も歩く、と誓約したのです。しかし、真理を高らかに公言する多くの人々が歩む道は、彼らの生活をその手本に一致させることで、それに言及することはほとんどしていないことを示しています。彼らは、自分自身の不完全な標準を満たす自分の道を作っています。彼らは、キリストの自己否定、つまり、他の人々の益のために生きられたキリストの犠牲の生涯を真似ていないのです。

貧しい人、家のない人、やもめたちが、わたしたちの中にいます。わたしは、一人の金持ちの農夫が彼らの中にいる一人の貧しい寡婦の状況について語っているのを聞きました。彼は、彼女の窮乏した境遇を嘆き、次のように言いました。「彼女が、この寒い冬をどのようにして過ごしていくのかは知りません。彼女は今、逼迫《ひっぱく》しています」。このような人たちは、主の手本を忘れて、自分たちの行いによって次のように言っているのです。「駄目です。主よ、わたしたちは、あなたが飲まれた自己否定、屈辱、犠牲の杯を飲むことはできませんし、あなたが受けられた苦難のバプテスマを受けることもできません。わたしたちは、他の人たちに善を行うために生きることはできません。自分自身の世話で精いっぱいです」。満杯の穀倉を持つ人々が知らなければ、このやもめがどのように暮らしていけるかを誰が知るでしょうか。彼女が暮らしていくための資金は彼らの手元にあるのです。神が資金を委ねて、ご自身の管理人となさった人々が、ひどく貧しいキリストの弟子たちに与えるのをあえて差し控えたりするでしょうか。もしそうすれば、彼らはイエスに与えるのを差し控えているのです。あなたは貧しい人たちに与えるために、主が天から穀物を雨のように降らせるのを期待しているのですか。むしろ主は、あなたを通して彼らを助け祝福なさるために、あなたの手に穀物を置かれたのではないでしょうか。主は、この善い業においてあなたを試し、天に宝を積む特権をあなたに与えるために、あなたを主が用いる道具となさったのではないでしょうか。

父親や母親のいない子どもたちは、教会に委ねられていて、キリストは彼の弟子たちに言われます。「これらの困窮した子どもたちを受け入れ、彼らをわたしのもとに連れてきなさい。そうすれば、あなたは報いを受けるでしょう」。これらの事柄において、わたしは多くの利己心が表されるのを見てきました。家庭を必要としている子どもたちを家族の中に養子として引き取ることで、自分自身に利益がもたらされるという何らかの特別な証拠がない限り、ある人々はそっぽを向き、「無理です」と答えるのです。彼らは、このような子どもたちが果たして救われるか、それとも失われるかを知らないし、気にもかけないようです。それは自分の知ったことではないと、彼らは考えているのです。カインと同じように彼らは、「わたしは弟の番人でしょうか」（創世記四の九）と言います。彼らは、みなしごのために進んで不便を負い、犠牲を払おうとはしません。そうして彼らは、ときにはこれらのクリスチャンだと公言する人々よりも、喜んで受け入れてくれる世の人々の両腕に、このような子どもたちを、平気で押しつけるのです。神の日において、天が救いの機会を与えられた人々に対して質問が発せられるでしょう。しかし彼らは、免除を願い、それが自分たちにとって利益とならない限り、この善い業に従事しようとしません。善いことを行うこれらの機会を拒否する人々は、イエスから、「この最も小さい者の一人にしなかったのは、わたしにしてくれなかったことなのである」（マタイ二五の四五）という言葉を聞くであろうと、わたしは示されました。どうぞイザヤ書五八章を読んでください。

「そのようなものがわたしの選ぶ断食／苦行の日であろうか。葦《あし》のように頭を垂れ、粗布を敷き、灰をまくことを、お前は断食と呼び／主に喜ばれる日と呼ぶのか。わたしの選ぶ断食とはこれではないか。悪による束縛を断ち、軛《くびき》の結び目をほどいて／虐げられた人を解放し、軛をことごとく折ること。更に、飢えた人にあなたのパンを裂き与え／さまよう貧しい人を家に招き入れ／裸の人に会えば衣を着せかけ／同胞に助けを惜しまないこと。そうすれば、あなたの光は曙《あけぼの》のように射し出で／あなたの傷は速やかにいやされる。あなたの正義があなたを先導し／主の栄光があなたのしんがりを守る。あなたが呼べば主は答え／あなたが叫べば／『わたしはここにいる』と言われる。軛を負わすこと、指をさすこと／呪いの言葉をはくことを／あなたの中から取り去るなら／飢えている人に心を配り／苦しめられている人の願いを満たすなら／あなたの光は、闇の中に輝き出で／あなたを包む闇は、真昼のようになる。主は常にあなたを導き／焼けつく地であなたの渇きをいやし／骨に力を与えてくださる。あなたは潤された園、水の涸れない泉となる」（イザヤ五八の五～一一）。

これは、今わたしたちの前にある特別な働きです。わたしたちのすべての祈りや断食は、わたしたちが固い決意をもってこの働きを把握しなければ、何の役にも立ちません。神聖な責任がわたしたちの上に置かれています。

わたしたちがなすべき務めは、明らかに述べられています。主は、神の預言者によって、わたしたちに語られました。主の思いと主の道は、盲目で利己的な朽ち行く人間が信じたり、願ったりしているものではありません。主は、心をごらんになります。もし心に利己心が宿っていれば、主はそれをご存じです。わたしたちは、自分たちの真の品性を、兄弟姉妹たちから隠そうとするかもしれませんが、神はご存じです。神から何も隠すことはできません。

　神が受けることができる断食が描写されています。それは、飢えた人にあなたのパンを裂き与え、さまよう貧しい人をあなたの家に招き入れることです。彼らがあなたのもとに来るのを待っていてはなりません。働きは、あなたを見つけ、自分たちのためにあなたの家を請う、彼らの上に宿っているのではありません。あなたが、彼らを捜し、彼らをあなたの家に連れて来なければならないのです。あなたが、彼らを求めてあなたの魂を注ぎ出さねばならないのです。あなたは、一方の手を伸ばし、救いをもたらす大いなるみ腕を信仰によってつかみ、もう一方の愛の手で、打ちひしがれている人を見つけ、彼らを解放するのです。一方の手で神のみ腕をしっかりとつかみ、片方の手をあなた自身の快楽に仕えるために用いることは不可能なのです。

　もしあなたが憐れみと愛のこの働きに従事していれば、この働きはあなたにとって、困難過ぎると立証されるでしょうか。あなたは、失敗して重荷に押しつぶされ、あなたの家族はあなたの援助と影響力を奪われるでしょうか。決してそんなことはありません。神は、この質問に関するすべての疑念を、あなたの服従を条件にあなたに約束することによって、注意深く取り除かれました。この約束は、最も厳しいことを要求する人も、最もためらう人も、共に切望するすべての願いを網羅するものです。「そうすれば、あなたの光は曙《あけぼの》のように射し出で、あなたの傷は速やかにいやされる」（イザヤ五八の八上句）。神は、約束されたことに対して誠実な方であることをただ信じなさい。神は、肉体の力を回復させることがおできになります。それだけではなく、回復させると言っておられるのです。さらに、ここで約束は終わっていません。「あなたの正義があなたを先導し、主の栄光があなたのしんがりを守る」（同下句）。神は、あなたの周りに要塞《ようさい》を設けられます。この約束は、ここでも終わりません。「あなたが呼べば主は答え、あなたが叫べば、『わたしはここにいる』と言われる」（イザヤ五八の九上句）。もしあなたが、軛《くびき》を負わすこと、呪いの言葉をはくことをやめるならば、もしあなたが飢えている人にあなたの魂を注ぎ出すならば、「あなたの光は、闇の中に輝き出で、あなたを包む闇は、真昼のようになる。主は常にあなたを導き、焼けつく地であなたの渇きをいやし、骨に力を与えてくださる。あなたは潤された園、水の涸れない泉となる」（イザヤ五八の一〇、一一）のです。

光の子であると主張している皆さん、イザヤ書五八章を読んでください。貧しい人に恩恵を施すことで、自分自身が不便を味わうことに非常な躊躇《ちゅうちょ》を感じてきた人は特に、この章をぜひ何度も繰り返し読んでください。心も家も狭すぎて、家のない人たちのために家を備えることができない皆さん、イザヤ書五八章を読んでください。貧困の鉄の手によって圧迫され、非情な俗人に押さえつけられているみなしごとやもめにかかわることができる皆さん、イザヤ書五八章を読んでください。もしあなたが、あなたの家族に影響がおよび、一層多くの働きが必要となる、と恐れているならば、イザヤ書五八章を読んでください。あなたの恐れは杞憂《きゆう》に過ぎず、むしろ祝福が訪れ、あなたはそれを毎日知り、悟ることができるのです。しかしもしそうではなく、余分な働きが必要であれば、あなたは、次の約束をなさったお方に頼ることができます。「そうすれば、あなたの光は曙のように射し出で、あなたの傷は速やかにいやされる」（イザヤ五八の八上句）。神の民が、もっと霊的な考えと大きな信仰を持っていないのは、彼らが利己心によって心が狭くなっているからだということを、わたしは示されました。

この預言者は、罪人たちや未信者たちにではなく、大いに敬虔を装っている安息日遵守者たちに、告げているのです。神が受け入れられるのは、あなたがどれほど多くの集会を開催したかではありません。神が受け入れられるのは、どれほど多くの祈りをささげたかではなく、正しい行為であり、正しい時に正しいことを行うことなのです。それは、自分の心配を少なくし、慈善の心を大きくすることです。わたしたちの魂の手を遠く伸ばさなければなりません。そうすれば、神は、わたしたちの魂を潤された園、水の涸れない泉のようにしてくださいます。

イザヤ書一章を読んでください。「お前たちが手を広げて祈っても、わたしは目を覆う。どれほど祈りを繰り返しても、決して聞かない。お前たちの血にまみれた手を洗って、清くせよ。悪い行いをわたしの目の前から取り除け。悪を行うことをやめ善を行うことを学び、裁きをどこまでも実行して、搾取する者を懲らし、孤児の権利を守り、やもめの訴えを弁護せよ。論じ合おうではないか、と主は言われる。たとえ、お前たちの罪が緋《ひ》のようでも、雪のように白くなることができる。たとえ、紅のようであっても、羊の毛のようになることができる。お前たちが進んで従うなら、大地の実りを食べることができる。かたくなに背くなら、剣の餌食になる。主の口がこう宣言される」（イザヤ一の一五〜二〇）。

真実な証人であるキリストによって述べられ、すべての者が手にしなければならない金とは、信仰と愛の結合であること、また、愛が信仰に優先することが、わたしに示されました。サタンは、神の民の心の中から、これらの貴重な賜物を取り除くために、絶えず働いています。すべての人々は、人生ゲームをやっているのです。サタンは、もし彼が愛と信仰を取り除き、その代わりに利己心と不信とを置くことができるならば、残りの貴重な特徴はすぐに彼の欺瞞に満ちた手によってうまく取り除かれ、わたしたちがゲームに負けることを、よく知っています。

わたしの親愛なる兄弟たち、あなたはサタンにその目的を実現させるのですか。あなたが永遠の命を獲得したいと願っているゲームでみすみすと降参するのでしょうか。もし神がわたしを通してこれまで語ってこられたのであれば、あなたがまったく造り変えられない限り、あなたが勝利者とはならないで、サタンによって確実に打ち負かされることは、ちょうど神の玉座が固く立っているのと同じように確かなことです。愛と信仰を取り戻さなければなりません。あなたは、この戦いに新たに参戦し、あなたが今はほとんど持っていないこの貴重な賜物を取り戻しますか。あなたは、これまでしてきたよりも、もっと熱心に、不撓不屈の精神を持って、より一層努力しなければなりません。神が受け入れられるのは、単なる祈りや断食ではなく、自ら利己心を剥《は》ぎ取って、従順になることであり、神が選ばれた断食を守ることなのです。わたしが明らかに語ったので、多くの人々は悲しく感じるかもしれません。しかし、もし神がわたしの上にこの重荷を置かれるのであれば、これからもわたしはこのように語っていくでしょう。

神は、責任ある地位を占めている人々は、このみ業に献身すべきであると要求しておられます。もし彼らが間違った行いをしたら、民は彼らの足跡に従ってもよいと感じるからです。もし民が誤ったことをして、指導者たちがその悪事に対して声を上げなければ、彼らは悪事を是認することになり、その結果、その罪は、違反者と同じように、指導者たちの上にも問われるのです。責任ある地位を占める人々は、彼らの上に置かれているみ業の重荷を絶えず感じている敬虔な人物であるべきです。

第4章　家督相続権の売却

エサウは好物の料理を欲し、食欲を満たすために家督相続権を犠牲にしました。彼の貪欲な食欲が満たされた後で、彼は自分の愚かさに気づき、涙を流して悔い改めを注意深く求めましたが、悔い改めの余地を見つけることはできませんでした。エサウのような人が非常に大勢います。彼は、特別に価値ある祝福――不朽の遺産、宇宙の創造者である神の命のように永遠に続く命、測りしれない幸福、重みのある永遠の栄光――を手にしていながら、自分の食欲、感情、性向にあまりにも長い間耽ってきたので、永遠の事物の価値を識別し理解する力が弱まってしまった人々を象徴しています。

エサウは、特定の材料の食べ物に対する特に強い欲望を持っていました。さらに彼は、あまりにも長い間自己を満足させてきたので、心をそそる魅力的な料理から顔を逸らす必要を感じませんでした。彼は、その料理のことを考え続け、食欲を抑えるために何の努力もしなかったので、遂に食欲の力が他のすべての思いを押さえつけ、彼を支配しました。さらに、もしその特別な料理を食べ

親愛なるD兄弟へ　わたしは、随分前からあなたに手紙を書こうと計画していましたが、わたしたちの働きが絶え間なく続き、非常に疲れていたので、書く時間も、また力もありませんでした。わたしが見た最後の幻の中で、あなたの事例がわたしに示されました。あなたは危険な状況の中にいました。あなたは真理を知っており、自分の義務を理解し、真理の光を喜んできました。しかし、その光は、あなたの世的な関心事を遮《さえぎ》ったので、あなたは、あなた自身の便宜のために真理と義務を犠牲にしようとしているところでした。あなたは、あなた自身の現在の金銭的利益だけを見ていて、重みのある永遠の栄光を見失っています。あなたは、現在の利益を得るのに有望そうな見込みのために莫大な犠牲を払おうとしていました。あなたはただ一杯の食物のために、あなたの家督相続権を今まさに売ろうとしていました。もしあなたが地上の利得のために真理から離れるならば、あなたは無知の罪を犯すのではなく、故意に違反することになるのです。

ることができなければ、大変な不便に苦しみ、死ぬことさえある、と彼は思いました。そのことを考えれば考えるほど、彼の願望は強くなり、遂に、彼の神聖な家督相続権は、その価値とその神聖さを失いました。たとえそれを売ったとしても、容易に買い戻すことができる、と彼は考えました。自分は家督相続権を意のままに売却し、それを楽に買い戻すことができると調子よく考え、彼は好物と引き換えにそれを売り渡しました。しかし、たとえ大きな犠牲を払ってでも、それを買い戻そうと求めた時、彼はそうすることができませんでした。その時彼は、自分の性急さ、愚かさ、非常識をひどく悔やみました。彼は、この事柄をあらゆる角度から振り返ってみました。彼は、涙を流し、心を込めて悔い改めを求めましたが、すべては無駄でした。彼は祝福を軽んじたので、主はそれを彼から永久に取り去られたのでした。たとえ今、あなたが真理を犠牲にし、罪と不服従の道に無防備に突き進んだとしても、すべての抑制力を打ち壊し、まったく無関心になるわけではないので、世俗の利得への希望と期待がかなわなければ、再び真理に関心を持ち、永遠の命の志願者になることができる、とあなたは考えてきました。しかし、この事柄においてあなたは自分自身を欺いてきたのです。もしあなたが、この世の利得のために真理を犠牲にしたとすれば、永遠の命を犠牲にしたことになるのです。

大宴会のたとえの中で、わたしたちの救い主は、大勢の人々は救い主よりも世事の方を選ぶので、神の国を失う結果となることを示されました。わたしたちの救い主の慈悲深い招待は軽視されました。救い主は、莫大な犠牲を払って完全な備えをするために、苦難と犠牲を経験してこられました。それから彼は、招待しました。けれども、「皆、次々に断った。最初の人は、『畑を買ったので、見に行かねばなりません。どうか、失礼させてください』と言った。ほかの人は、『牛を二頭ずつ五組買ったので、それを調べに行くところです。どうか、失礼させてください』と言った。また別の人は、『妻を迎えたばかりなので、行くことができません』と言った」(ルカ一四の一八～二〇)のです。その時主は、金持ちや世を愛する人々から顔をそむけられました。彼らが自分たちの土地や牛や妻の方が、主が彼らに与えた大宴会への慈悲ある招待を受け入れることによって得る利益よりも価値があると判断していたからです。家の主人は怒って、気前よく与えられた賜物をこのように軽蔑した人々から顔をそむけ、代わりに、満たされていない人、土地や家を持っていない人、貧しくて飢えている人、体の不自由な人、足の不自由な人、目の見えない人、与えられた気前のよい賜物を感謝し、その返礼として、主人に心からの感謝と揺るぎない愛をささげ、献身する人たちを招待します。

しかし、まだ席があります。すると次の命令が与えられました。「通りや小道に出て行き、無理にでも人々を連れて来て、この家をいっぱいにしてくれ。言っておくが、あの招かれた人たちの中で、わたしの食事を味わう者は一人もいない」（ルカ一四の二三、二四）と。ここに、大いなる主のご招待を軽蔑したために、神によって拒否された人々が描かれています。主はエリに対して次のように宣言なさいました。「わたしを重んずる者をわたしは重んじ、わたしを侮る者をわたしは軽んずる」（サムエル上二の三〇下句）。キリストは言われます。「わたしに仕えようとする者は、わたしに従え。そうすれば、わたしのいるところに、わたしに仕える者もいることになる。わたしに仕える者がいれば、父はその人を大切にしてくださる」（ヨハネ一二の二六）と。

神を軽んじてはなりません。もし、光を持っている人々がそれを拒んだり、それに従うことを怠ったりすると、光はその人たちにとって暗闇となります。

神の愛するみ子の側において、莫大な犠牲が払われました。それはみ子が、堕落した人間を救ってご自身の右側に就くまで高め、世界の世継ぎとし、重みのある永遠の栄光の所有者とするための力を持つためでした。朽ちることのない遺産の価値を、言葉は表現することができません。神のみ子によって与えられた栄光と富と誉れには無限の価値があるので、その価値、優越性、壮麗さがどのようなものであるかを正しく伝えることは、人間あるいは天使でさえ、その力の及ぶところではありません。もし人が、罪と堕落に身を沈め、これらの天の恩恵を拒み、服従の生活を拒否し、憐れみに満ちた恵みの招待を踏みにじり、目に見えるから、また罪の道を進むことが彼らの現在の享楽にとって便利であるからと、地上の無価値な事柄を選ぶならば、イエスは、このたとえの中の想定を実行なさるでしょう。このような人々は、神の栄光を味わえず、招待は別の部類の人々に与えられるでしょう。

言い訳をして、罪に留まり世に従順であり続けようとする人々は、彼らの偶像に支配されるでしょう。人々がもはや許しを請わなくなる日、だれ一人として許されたいと願わなくなる時がやって来ます。キリストが、ご自身の栄光と天父の栄光のうちに、ご自身を取り囲むすべての天使たちが勝利の声を上げてキリストを先導し、最も魅力的な音楽の旋律が聞こえるなか、その時になってやっとおいでになるとき、すべての者たちが注目するでしょう。無関心な傍観者は一人もいません。その時には、投機は魂を奪いません。守銭奴らの目を喜ばせてきた山積みの金塊も、もはや心を惹きません。地上の高慢な人たちが建て、彼らの偶像であった大邸宅は、憎悪と嫌悪の念をもって顔をそむけられます。自分の土地や牛や結婚したばかりの妻を、その驚きの視界に飛び込んで来る栄光を受け取らない理由として訴える者は一人もいません。すべての人々は栄光にあずかりたいと求めますが、それが自分たちのものではないことも知っています。

熱心な、苦悩しながらの祈りによって、彼らは神が彼らの側を通り過ぎないようにと求めます。王、力ある者、高慢な者、思い上がった者、けちな者たちは表現できないほどの恐れ、荒廃、悲惨さの重圧の中で皆同じように共に頭を垂れ、苦悩に満ちた祈りを唇から絞り出します。ご慈悲を！　ご慈悲を！　激しい神の怒りからわたしたちを救ってください！　恐ろしいほどはっきりとして、きびしく威厳に満ちた声が、次のように彼らに答えます。「わたしが呼びかけても拒み／手を伸べても意に介せず／わたしの勧めをことごとくなおざりにし／懲らしめを受け入れないなら／あなたたちが災いに遭うとき、わたしは笑い、恐怖に襲われるとき、嘲笑《あざ》うであろう」（箴言一の二四～二六）。

その時、王や高官たち、力ある者、貧しい者、けちな者は、そこで皆同じように激しく泣き叫びます。自分たちの繁栄の日々に、キリストや彼の足跡に従ってきた謙虚な人たちを蔑《さげす》んだ者たち、キリストに頭を下げるためにその思い上がりを低くしようとしなかった者たち、キリストの十字架を見下し憎んだ者たちは今、地上の泥沼の中でひれ伏しています。

彼らの偉大さはすべて直ちに離れ、彼らは聖なる者たちの足もとにひれ伏すことを躊躇《ちゅうちょ》しません。そのとき彼らは、自分たちが今その歩んだ道が結んだ実を食べていること、そして、自分自身の意見に飽き足りていることを、恐ろしいほどの苦痛をもって悟ります。彼らが知恵とみなしていたものにより、彼らは高邁《こうまい》な永遠の報いから顔をそむけ、地上の利得のために天来の導きを拒否しました。彼らは地上の輝きと虚飾に夢中になり、自分たちが知恵とみなしていたものにより、彼らは愚かな者となりました。自分たちの世的な優越が非常に大きいので、それによって神に喜ばれ、それで天の国を確保できるかのように考えて、自分たちの世的な繁栄に歓喜しました。

金銭は、地上の愚かな者の間では力がありましたし、金銭は彼らの神でした。しかし、彼らの繁栄そのものが彼らを破滅させたのでした。彼らは、神と天のみ使いたちの目には愚か者となりましたが、世の野心家たちは、彼らを賢い者だと考えていました。今や、彼らが知恵と思っているものは、すべて愚かなものであり、彼らの繁栄は、彼らを滅ぼすものなのです。再び、恐ろしい胸を引き裂くような甲高い叫び声が響きわたります。「山と岩に向かって、『わたしたちの上に覆いかぶさって、玉座に座っておられる方の顔と小羊の怒りから、わたしたちをかくまってくれ』と言った。神と小羊の怒りの大いなる日が来たからである。だれがそれに耐えられるであろうか」（黙示録六の一六、一七）。彼らは、隠れ場のように地上の洞穴に逃げ込みます。しかし、その時これらの洞穴は、そのような隠れ場とはなりません。

親愛なる兄弟、死活問題があなたの前にあるのです。あなたは、なぜあなたが足を踏み外したか、知っていますか。なぜあなたは、勇気と堅固さをもって耐え忍ばなかったのですか。あなたは、良心に背いたのです。あなたの商売の経歴は、正直なものではありませんでした。あなたはこの点において、なすべきことがあるのです。あなたの父親は、商売の原則を正しい光に当てて見ていませんでした。あなたは商売の原則を、世間の一般の人たちと同じように見なしていて、神がそれらをごらんになるようには見なしませんでした。「隣人を自分のように愛しなさい」（ルカ一〇の二七）。あなたはこれを実行しましたか。「心を尽くし、精神を尽くし、思いを尽くして、あなたの神である主を愛しなさい」（マタイ二二の三七）。もしこの掟が守られていたら、これと同じように重要である第二の掟に従うように心が備えられるのです。「隣人を自分のように愛しなさい」（マタイ一九の一九）。十戒のすべては、この二つの掟に包含されているのです。第一の掟は、創造主に対する人間の義務を示している前半の四つの戒めを含んでいます。第二の掟は、隣人に対する人間の義務を示している後半の六つの戒めを包含しています。これら二つの掟の上に、律法全体と預言者がかかっているのです。この二つの掟は、前半の四つと後半の六つの十のすべての掟を支えている二つの大きな腕なのです。これらの掟は、厳格に守られなければなりません。

「もし命を得たいのなら、掟を守りなさい」（マタイ一九の一七）。キリストの弟子であると公言する非常に多くの人々は、外見上はこの世を平穏に過ごしていて、正直で高潔な人だと見なされるでしょうが、心の底には、彼らの品性全体を汚し、彼らの宗教経験を腐敗させる悪徳の斑点があるのです。「隣人を自分のように愛しなさい」（マタイ一九の一九）。これは、自分自身が優位に立つために、隣人を利用することを禁じています。わたしたちは、どのようなことにおいても隣人に悪事を働くことを禁じられています。わたしたちは、世的な観点から物事を見るべきではありません。どのような時にも、隣人たちに自分たちを取り扱ってほしいと願うように隣人を取り扱うことが、わたしたちが実践すべき規則です。神の掟は、字義どおりに守られるべきです。相手が信者であろうと、未信者であろうと、わたしたちの隣人とのすべての取引きや交際において、この規則は適用されるべきです。「隣人を自分のように愛しなさい」

この点において、クリスチャンであると公言する多くの人々は、神の計測に耐えられないでしょう。すなわち、聖所の天秤で重さが量られるとき、彼らの重量が足りないことがわかるでしょう。親愛なる兄弟よ、「『あの者どもの中から出て行き、遠ざかるように』と主は仰せになる。『そして、汚れたものに触れるのをやめよ。そうすれば、わたしはあなたがたを受け入れ、父となり、あなたがたはわたしの息子、娘となる。』全能の主はこう仰せられる」（Ⅱコリント六の一七、一八）。これはなんとすばらしい約束でしょう。しかしわたしたちは、これが命令への服従にかかっているという事実を見失ってはなりません。神は、世から離れよ、とあなたを招いておられます。あなたは、彼らの習慣に従ってはなりませんし、いかなる点においても、世の人々の基準に従って行動してはなりません。「あなたがたはこの世に倣ってはなりません。むしろ、心を新たにして自分を変えていただき、何が神のみ心であるか、何が善いことで、神に喜ばれ、また完全なことであるかをわきまえるようになりなさい」（ローマ一二の二）。

神は、世からの決別を求めておられます。あなたはこれに従いますか。あなたは彼らの間から出て来て、彼らから離れ、はっきりと異なったままでいますか。「正義と不法とにどんなかかわりがありますか。光と闇とに何のつながりがありますか」（Ⅱコリント六の一四）。あなたは、世の人々と交わり、彼らの精神を受け入れ、彼らの手本に倣いながら、同時に神の子であることはできません。宇宙の創造者は、愛情豊かな父として、あなたに告げておられるのです。もしあなたが、世を愛することをやめ、欲望による世の腐敗から逃れ、世の汚染から解放されたままでいるならば、神はあなたの父となり、あなたを神の家族に養子として迎え入れ、あなたは神の世継ぎとなるでしょう。この世界の代わりに、神は、あなたに服従の生活の報いとして、全天の下にある王国をお与えになります。神は、あなたに重みのある永遠の栄光と永遠に続く命をお与えになります。

あなたの天の父なる神は、神の極めて大きくまた尊い約束によって、あなたを欲望に染まったこの世の退廃を免れさせ、神の本性にあずからせることによって、あなたを王の家族の一員とすることを計画しておられます。あなたが、清く罪のない天使の品性と、あなたの贖い主なるキリストの品性にあずかればあずかるほど、あなたは一層はっきりと神の刻印を身に帯びるようになり、世と似た姿が色あせてゆくでしょう。世とキリストとは一致していません。なぜなら、世はキリストと結びつかないからです。世はまた、キリストの弟子たちとも一致していません。わたしたちの救い主は父への祈りの中で、次のように言っておられます。「わたしは彼らに御言葉を伝えましたが、世は彼らを憎みました。わたしが世に属していないように、彼らも世に属していないからです」（ヨハネ一七の一四）。

あなたの召命は、尊く高邁《こうまい》なものであって、神のものであるあなたの体と霊によって神をたたえることです。あなたは、他の人たちによって、あなた自身をはかるべきではありません。神の言葉は、誤りのない手本、欠点のない模範をあなたに提示しました。あなたは、十字架を極度に恐れてきました。十字架は、持ち上げるには不便な道具であり、非難と恥で覆われているので、あなたはそれを避けてきました。あなたは生活において、健康改革を遂行することが必要です。すなわち、自分自身を否定し、神の栄光のために飲食するのです。魂に敵対して戦う肉の欲を避けなさい。あなたは、すべてのことにおいて節制を実行することが必要です。ここに、あなたが避けてきた十字架があるのです。最善の健康状態にあなたを維持させる単純な食事だけを取ることが、あなたの道の役割です。もしあなたがこれまで、天があなたの道の上に輝くようにと許してきた光に従って生活してきたならば、あなたの家族は、多くの苦難から救われたかもしれません。あなた自身の行動が、確実に結果をもたらしてきたのです。あなたがこのような歩みを続けている間、神は、あなたの家族の中にやって来て、特にあなたを祝福し、苦難からあなたの家族を救うために奇跡を働くことはありません。香辛料や肉類、あらゆる種類の脂肪分のない単純な食事は、あなたにとって祝福となり、あなたの妻を多くの苦難、悲しみ、失望から救うことがわかるでしょう。

あなたは、神の祝福を確約する道を求めてきませんでした。もしあなたが、神の祝福があなたに伴い、神のご臨在があなたの家族に宿ることを願っているならば、あなたは、損得や自分自身の楽しみに関係なく、神のご意志を行って、神に従わなければなりません。あなたは、あなた自身の願望や、神を知らず神をたたえることを求めていない世の人々の賞賛を得ることを念頭に置いてはなりません。もしあなたが、神と反対の道を歩むならば、神はあなたとは反対の道を歩まれます。もしあなたが、主のみ前に他の神々を持っているならば、心のすべてと専心した愛情を要求なさる唯一の真の生ける神にのみ仕えることから、あなたの心は離れてしまうでしょう。神が要求なさるのは、心のすべて、魂のすべて、思いのすべて、力のすべてなのです。これに欠けているものは何一つ受け入れられません。この点ではいかなる分離分割も許されず、不熱心な働きは受け入れられません。

　完全な奉仕を神にささげるために、あなたは、神の要求についてはっきりと理解しなければなりません。あなたは、最も単純な方法で調理された最も単純な食べ物を用いるべきです。繊細な脳神経が弱められ、無感覚になり、麻痺して、神聖な事柄を認識し、贖《あがな》いやキリストの清めの血を、測り知れない最高の価値として評価することがあなたにとって不可能にならないためです。「あなたがたは知らないのですか。競技場で走る者は皆走るけれども、賞を受けるのは一人だけです。あなたがたも賞を得るように走りなさい。競技をする人は皆、すべてに節制します。彼らは朽ちる冠を得るためにそうするのですが、わたしたちは、朽ちない冠を得るために節制するのです。だから、わたしとしては、やみくもに走ったりしないし、空を打つような拳闘もしません。むしろ、自分の体を打ちたたいて服従させます。それは、他の人々に宣教しておきながら、自分の方が失格者になってしまわないためです」（Ｉコリント九の二四～二七）。

　もし人々が、自らの大志の報いとして花輪や朽ちる冠を得るだけのために、万事において自らを制するとすれば、不朽の栄光の冠だけではなく、エホバの玉座と同じように長く続く命と、重みのある永遠の栄光である朽ちることのない栄誉を求めていると公言している人々は、どれほど多くの自己否定を、進んで実行しなければならないことでしょう。クリスチャンの競技において、走者の前に提示されている報償は、彼らが動物的性質を肉体のもとに克服し、食欲と情欲を支配できるように、彼らを万事における自己否定と節制に導かないでしょうか。そのようにする時に彼らは、欲望に染まったこの世の退廃を免れ、神の本性にあずかることができるのです。

世にしか関心を持たない人びとは、取るに足らない地上の宝、つまり、少数からの栄誉と、多数からの嫌悪をもたらすような朽ちる月桂の冠を求めていますが、彼らもある程度の不自由は受け入れ、自己否定に耐えるのです。しかし、彼らが耐える以上の不自由と自己否定を、約束された最も尊く輝かしい報いのゆえに忍ばなければ、私たちは永遠の命を受けるにふさわしくありません。熱心で強烈な、熱意、忍耐、勇気、精力、自己否定、犠牲において、わたしたちは、他のいかなる事業に従事している人々よりも、はるかに秀でていなければなりません。わたしたちが到達しようと目指している目標は、彼らのものよりも価値のあるものだからです。わたしたちが求めている宝は、滅びず、永遠不朽で、光輝燦然《さんぜん》たるものです。一方、世の人々が追い求めているものは、ただ一日限りのものです。それは、色あせ滅びゆくもので、朝雲のようにはかないものです。

十字架、十字架。D兄弟よ、それを高く掲げなさい。十字架を高く掲げる行為によって、かえってそれがあなたを高め、あなたを支えていることがわかり、驚くことでしょう。逆境、窮乏、悲嘆の中で、十字架はあなたにとって力となり、杖となります。十字架が、憐れみ、思いやり、同情、言い尽くせない愛などによって飾られていることがわかるでしょう。十字架が、永遠の命の約束であることがあなたに立証されるでしょう。あなたがパウロと共に、「このわたしには、わたしたちの主イエス・キリストの十字架のほかに、誇るものが決してあってはなりません。この十字架によって、世はわたしに対し、わたしは世に対してはりつけにされているのです」(ガラテヤ六の一四)と言うことができますように、と祈ります。

主のみ霊は、かなり長い間、あなたの妻と戦ってきました。もしあなたがすべてを神に委ねるならば、彼女は真理を実践することを求める立場を取る力を得たことでしょう。もしあなたが真理から顔を背けようとすれば、堕落するのはあなただけではありません。あなたは自分の魂を失うだけではなく、他の人たちを道から逸らす手段となり、その人たちの魂の血があなたの衣を染めるでしょう。もしあなたが、あなたの誠実さを貫いていたならば、あなたの母親、あなたの兄弟のE、そして墓の寸前でさまよっている人たちは今頃、神のみ霊の慰めを喜び、真理に宿る良い経験をしていたかもしれません。わたしたちは自らが及ぼす影響力に対して釈明責任があることを、常に念頭に置いてください。わたしたちの影響力は、キリストのもとに集めもするし、遠くに散らしもするのです。わたしたちは、清めの狭い道で、魂を助けているか、躓《つまず》きの石となって魂を妨害し、彼らを道から逸らしているかのいずれかなのです。わたしが大変尊敬している兄弟よ、あなたには失う時間はありません。熱心に時間を買い戻しなさい。今の世は悪いからです。あなたがこれまで選んできた仲間たちは、あなたにとって妨げとなってきました。彼らの中から出てきなさい。そして離れていなさい。神に近づき、また、神の民ともっと密に交わりなさい。あなたの関心とあなたの愛情を、キリストと彼の弟子たちに集中させなさい。キリストを最も愛している人々を、最も深く愛しなさい。神と真理を愛していない人々にあなたを結びつけてきた絆を断ち切りなさい。光は闇と何の関わりがあるでしょう。信者は不信者と何を共有するでしょうか。

あなたは、信仰が破綻《はたん》する差し迫った危険の中にいます。あなたには、希望、勇気、そして信仰を持っている人々である神の民から得ることができるすべての力が必要です。しかし、祈り、それも秘かな祈りを怠ってはなりません。即座に祈りをささげ、真の献身の精神で励みなさい。あなたの職業において、あなたがなすべき仕事があります。具体的にわたしはあなたに告げることはできませんが、何かが間違っています。注意深く調べてください。わたしたちは、永遠を目指して働いているのです。わたしたちのすべての行為、わたしたちのすべての言葉は、聖所の秤で測られなければなりません。正義で公平な神は、わたしたちのすべての問題、わたしたちの生涯の歴史におけるすべての出来事を明確に見定められます。「ごく小さな事に忠実な者は、大きな事にも忠実である。ごく小さな事に不忠実な者は、大きな事にも不忠実である」(ルカ一六の一〇)。

永遠の命への道におけるあなたの歩みを、何物にも遮《さえぎ》らせないようにしましょう。あなたの永遠の事柄は、危機に瀕しています。あなたの中で十全な働きがなされなければなりません。あなたは十分に回心しなければなりません。そうしなければ天国を失うでしょう。しかしイエスは、あなたが彼をあなたの力とし、あなたの支えとするようにと、招いておられるのです。彼は、必要なすべての時において、すぐにあなたの助けとなるでしょう。彼は、あなたにとって、荒れ野における大きな岩陰のようになられるでしょう。この世において成功を収められるかどうかをあなたの大きな心配事としないで、むしろあなたの魂の重荷を心配しなさい。すなわち、より良い世界をわたしはいかにして手に入れたらよいのでしょうか。救われるためにわたしは何をすべきでしょうか、と問いなさい。あなた自身の魂を救うことによって、あなたは、他の人々を救うことになるのです。あなた自身を高揚することによって、あなたは、他の人々を高揚するのです。あなたが真理と神の玉座を堅く握りしめることによって、あなたは、他の人々が震える信仰を神の約束と神の永遠の玉座の上に向けるのを助けるのです。あなたが取るべき立場は、救いを地上の利得よりも高価なものと評価し、キリストを得るために万事を無に等しいとみなすことです。あなたのなすべき献身は、完全なものでなければなりません。神は、何らの保留も、部分的な犠牲もお認めになりません。あなたはいかなる偶像をも心に抱くことはできません。あなたは自我と世に対して死なねばなりません。神へのあなたの献身を、日ごとに新たにしましょう。永遠の命は生涯を通じて、不撓不屈の努力をするに値するものなのです。

あなたの兄弟は、ある期間、真理を確信していましたが、影響力が彼を引き止めてきたことを、わたしは示されました。彼の妻が、彼が自分自身の確信に従うことを妨げてきたのでした。しかし、彼女は苦難の時に主を求め、主を見いだしました。その時彼女は、彼女の夫が真理を抱いているかどうか不安を感じました。彼女が彼に反対してきたこと、彼女の高慢と世俗への愛が、彼が真理を受け入れることを長い間妨げてきたことを、彼女は後悔しました。安息を求めても得ることができない疲れ果てた子どものようになって、彼女はついに次の優しい招きに応じたのでした。「疲れた者、重荷を負う者は、だれでもわたしのもとに来なさい。休ませてあげよう」（マタイ一一の二八）。疲れ、重荷を負った彼女の魂は、主を求め、悔い改めと謙遜と、熱心な祈りをもって、重荷を担ってくださる偉大なお方の上に重荷を置き、このお方によって安息を見いだしました。彼女の謙遜と熱心な悔い改めが、神に受け入れられ、キリストのゆえに神は彼女の罪を赦してくださったという証拠を、彼女は受けました。

D兄弟、あなたの働くべき時間が短いことを、わたしは示されました。あなたの働きを残らずやり終え、時間を買い戻しなさい。あなたの商取引において、人格的汚点に、あなたのクリスチャン品性を傷つけさせてはなりません。あなたの衣を、世の染みのない状態に保ちなさい。誘惑に陥らないように、目を覚まして祈りなさい。多くの誘惑が、あなたを囲んでいます。しかし、あなたはその中に入るように強いられることはありません。あなたは、この堕落した時代の汚染の只中に、汚れのない姿で立つために、キリストから力を得ることができます。

「この栄光と力ある業とによって、わたしたちは尊くすばらしい約束を与えられています。それは、あなたがたがこれらによって、情欲に染まったこの世の退廃を免れ、神の本性にあずからせていただくようになるためです」(Ⅱペトロ一の四)。キリストに、神の姿を持つお方に、目をしっかりと留めなさい。汚れのない彼の生活を真似なさい。そうすれば、あなたは神の栄光にあずかる者となり、キリストと共に、世の初めからあなたのために備えられた王国を受け継ぐでしょう。

第5章　悪口を言う

F兄弟は、神のみ業を心に宿してきましたが、彼はそれをあまりにも深刻に感じてしまい、自らが担うべきでなかった多くの重荷を負ってきました。このようにして、彼は健康において苦しんできたのです。彼は、時々事柄を強力な光の中で見てきたので、すべての人々に、自分とまったく同じような事柄を見てほしいと、あまりにも熱心に期待してきました。そして、彼らが後ろ向きな姿を見せると、彼はほとんど押しつぶされそうに感じました。彼は深刻に感じる人なので、自分のものの見方を強力に訴えすぎる危険があるのです。

F姉妹は、クリスチャンでありたいと願っています。しかし彼女は、分別と真の礼儀正しさを育てていません。彼女は非常に楽観的な考え方をする人で、情熱的で自信に満ちています。彼女は、その品性の粗野な面を表していて、益を得ているとは思われませんでした。彼女は衝動的に動き、自分が感じたままに行動し、時折、その感情は大変興奮し、きつくなっていました。彼女は好き嫌いが激しく、彼女の品性におけるこの不幸な特徴が育つままにしてきたので、彼女自身の霊的成長を大いに損ない、教会を害してきました。彼女は自分が感じたままに、多くのことを無分別に語ってきました。これが、彼女の夫に強い影響を与え、彼も時には感情の興奮から動くようになりました。その時、もし彼が立ち止まって事態を冷静に眺め、正当に評価していたならば、彼自身にとっても、また教会にとっても、良かったことでしょう。あわてて行動し、衝動的に、あるいは、強い感情から動いても、何一つ得られるものはありません。

F姉妹は、衝動から動き、欠点を見つけては、彼女の兄弟姉妹たちに反対する多くのことを言ってきました。このようなことは、どの教会においても混乱を引き起こすでしょう。もし彼女が彼女自身の心を治めることができれば、大きな勝利が得られることでしょう。もし彼女が、天と地の創造者である神が大きな価値があるといわれる、柔和と冷静な心という天来の飾りを求めるならば、彼女は教会にとって真の助けとなることでしょう。もし彼女が、キリストのみ霊を心に抱き、平和を実現する者となるならば、彼女自身の魂は大きく成長し、彼女が行く先々の教会にとって祝福となるでしょう。彼女が回心し、彼女の中に十分な変化がなされなければ、彼女が語るに遅く、怒るに遅くなるよう自らを教育し、真のクリスチャンの礼儀を育てなければ、彼女の影響力は有害となり、彼女と関係する人々の幸福は損なわれるでしょう。彼女は、彼女自身を損ない、彼女の友人たちを遠ざける独立心を表しています。この独立心は、彼女自身に多くの問題を生じさせ、彼女の親友たちをも傷つけてきました。

もし資金のある人々が、彼女の夫と商談をまとめて、商取引において世の人たちよりも、彼により親切にしなければ、彼女はそれを感じて語り、以前には存在もしなかった不満な感情を呼び起こすのでした。これは極めてひどい利己的な世界です。真理を公言する人々の多くは、真理によって清められていないので、貧しい兄弟と取引をするとき、有力な世の人とするよりも、商品の値段をほんの少しでも変更してあげようという心を持っていないかもしれません。彼らは自分自身を愛するように、彼らの隣人を愛していません。もし利己心がもっと少なく、私欲がなく、物惜しみしない心がもっと多ければ、神にもっと喜ばれることでしょう。

F姉妹は商取引において、利己的精神が現れるのを見たので、彼女は自分の関わる事柄について感じたまま語ることで、より大きな罪を冒してきたのでした。彼女の過ちは、あまりにも多く期待しすぎることでした。舌は真に制御できない器官であり、不義の世界であり、地獄の火を生じさせ、飼いならされておらず、また飼いならすことのできないものです。F姉妹は復讐心を抱いていて、彼女の気分が害されたことを、彼女の振る舞いによって現しました。これはまったく悪いことでした。彼女は苦々しい感情を抱いており、これはキリストの精神とは異質のものです。わたしたちが不快に思う人々の不利益になることを語るとき、また、隣人たちの過ちや失敗や罪を詳細に話すとき、わたしたちは、怒り、敵意、あらゆる種類の意地の悪い感情に身を任せるのです。肉欲的願望が、こうして満たされるのです。

F姉妹、もしあなたの隣人や友人たちが彼ら自身を害する悪事をしているために、あなたが悲しんでいるのであれば、もし彼らが過ちにすっかり陥っているならば、聖書の原則に従いなさい。「兄弟があなたに対して罪を犯したなら、行って二人だけのところで忠告しなさい」(マタイ一八の一五)。あなたが誤りの中にいると思う人の所に行くときは、柔和とへりくだった心で話すように注意しなさい。なぜなら、人の怒りは、神の義を実現できないからです。誤りを犯している人は、柔和、穏やかさ、そして優しい愛以外の方法によっては、回復され得ないからです。あなたの態度に注意しなさい。思い上がりや自己満足の気配を感じさせる、いかなる目つきや動作、言葉や声の調子を避けなさい。自分自身を高めたり、あなたの善意や義を彼らの失敗と対比させるようなことを語ったりするようなそぶりを見せたりしないように注意しなさい。見くびり、押さえつけ、軽蔑とは距離をおいて、近づかないように注意しなさい。あらゆる怒りの表情を避けるように注意しなさい。あなたがはっきりとした言葉を使うときも、そこには譴責《けんせき》や罵倒《ばとう》しながらの非難、見かけだけの温かさではなく、熱心な愛がなければなりません。何よりも、憎しみの影や悪意、皮肉や意地悪な表現が一つでもあってはなりません。愛の心からは、親切と優しさだけが流れ出て来るものです。しかし、これらの貴重な親切と優しさのすべての実も、あたかも天使たちが彼らの目をあなたに向けているような、またあなたが来たるべき裁きに言及しているような、最も真剣に厳粛な態度であなたが話すことを邪魔するものではありません。譴責の成功は、それが与えられている精神にかかっていることを忘れてはなりません。あなたがへりくだった心を持つことができるように、また、あなたが働きかけようとしている人々の心に神の天使たちが先に行き、天来の印象によってその心を和らげ、あなたの努力が益となるようにという熱心な祈りを怠ってはなりません。もし何か良いことが実現したとしても、あなた自身に功績を帰してはなりません。神のみが高められるべきです。神のみがそれを成し遂げられたからです。

あなたは本人の所に行き、神が絶対的に命じて来られた段階を踏む前に、あなたの兄弟や姉妹や隣人の悪口を他の人たちに話したことに対して、弁解をしてきました。あなたは次のように言います。「でも、わたしは重荷が大きすぎて我慢できなくなるまでは、だれにも話しませんでした」。何があなたに重荷を負わせたのですか。それは、「主がそのように言われた」というあなた自身が果たすべき義務の明らかな怠慢だったのではないですか。あなたが違反者のもとに行き、その過ちについて二人きりで話さなかったゆえに、あなたに罪があるのです。もしあなたがそれをしなかったら、もし神に従わなかったら、あなたが神の命令を足の下に踏みにじり、心の中で兄弟や隣人を憎んで心がかたくなになっていない限り、重荷を負う他はあり得ないでしょう。あなた自身の重荷を降ろすために、あなたはどのような方法を見つけたのですか。神はあなたを兄弟の過ちを本人に告げなかった怠慢の罪で譴責なさいます。そしてあなたは、兄弟の過ちを他の人に告げる罪によって言い訳をし、自分を慰めているのです。罪を犯すこと、これが安心を買う正しい方法でしょうか。

過ちを犯している人を救うためのあなたのすべての努力は、徒労に終わるかもしれません。彼らは、善に対してあなたに悪を報いるかもしれません。彼らは、納得するよりも、むしろ激怒するかもしれません。もし彼らが、良い目的を耳にすることなく、彼らが始めた悪い歩みを追求されたら、どうなるでしょうか。これがしばしば起こるのです。時には、最も柔らかく優しい譴責が、良い結果を生まないこともあるでしょう。この場合、あなたがその相手の人に義の道を進み、悪を行うことを止め、良いことをすることを学ぶことによって、受けてほしいと願った祝福は、あなた自身の胸に帰るでしょう。もし過ちを犯している人たちが罪に固執するならば、彼らを親切に扱い、天におられるあなたの父なる神に、彼らのことを委ねなさい。あなたは、あなたの魂を救出しました。彼らの罪は、もはやあなたの上には宿りません。今のあなたは、彼らの罪にあずかる者ではありません。しかし、もし彼らが滅びるとすれば、彼らの血の責任は彼ら自身の上に置かれます。

親愛なる友よ、まったき変化が、あなたのうちに起こらなければなりません。そうしなければ、あなたは秤にかけられて、重さが足りないと見られるでしょう。

——の教会は、特に口数の多い女性たちは、次の教訓を学ばなければなりません。「自分は信心深い者だと思っても、舌を制することができず、自分の心を欺くならば、そのような人の信心は無意味です」（ヤコブ一の二六）。これほど重要な事柄において、多くの人々は秤にかけられて重さが足りないと見られるでしょう。この規則に従って歩いているクリスチャンは、どこにいるでしょうか。悪口を言う人に反対して、だれが神の側につくでしょうか。だれが神を喜ばせ、口の前に常駐の見張りを置き、唇に戸を立てるでしょうか。誰についても、その人の悪口を言ってはなりません。誰についても、その人の悪口を聞いてはなりません。もし聞く人がいなければ、悪口を言う人もいなくなるでしょう。もしだれかが、あなたの面前で悪口を言うならば、その人を遮《さえぎ》りなさい。たとえその人の態度が柔らかで、その口調が穏やかであっても、その人に耳を貸してはなりません。その人は、その相手への愛情を公言するかもしれませんが、ひそかなほのめかしを投げかけ、暗に品性を中傷するのです。

たとえ、告げ口する人が話さないとつらいと不平を言っても、断じて耳を貸さない、と決心しなさい。それはまさに重荷そのものです！ 親しい友人たちを引き離す呪われた秘密という重荷です。この重荷を負う人たちよ、神が定められた道に行き、あなたの重荷から解放されなさい。まず、あなたの兄弟のもとへ行き、あなたと彼の二人だけのところで、彼の誤りを告げなさい。もしこれでうまくいかなければ、次に、一人か二人の友人をあなたと一緒に連れて行き、彼らの前で忠告しなさい。もしこれでも駄目ならば、その時は、この問題を教会に告げなさい。事柄の詳細が、未信者に知られないようにしなさい。誤りを教会に告げることが、取るべき最後の手段です。わたしたちの信仰の敵に、それを広めてはなりません。彼らはキリストに従う者たちの弱さや誤りがあらわにならないようにしなさい。教会の事柄を知る権利を持ってはいないのです。

　キリストの来臨に備えている人々は、落ち着いた生活をし、目を覚まし祈るべきです。なぜなら、わたしたちの敵である悪魔が、食い尽くすことができる者を求めて、ほえたける獅子《しし》のように歩きまわっており、わたしたちはそれに対して信仰に固く立ち、抵抗しないといけないからです。「命を愛し、幸せな日々を過ごしたい人は、舌を制して、悪を言わず、唇を閉じて、偽りを語らず、悪から遠ざかり、善を行い、平和を願って、これを追い求めよ。主の目は正しい者に注がれ、主の耳は彼らの祈りに傾けられる」（Ｉペトロ三の一〇～一二）。

第6章　利己心と世を愛すること

親愛なるG兄姉へ　わたしは、いつかあなたがたに書きたいと計画していました。主がわたしに与えてくださった光が、わたしの前にはっきりと訪れたのです。——の民の前に立っている間、ある事柄がわたしの思いの中に説得力をもって、強烈な印象を与えました。あなたが別の集会に出るために残って、そこで始められた働きが継続されれば、とわたしは願っていました。しかし、わたしたちの兄弟たちが会議に出席するとき、彼らは一般的に、この集会のために準備をする重要性を感じていないことがわかり、わたしは残念に思います。彼らは来る前に神に自らをささげることをせず、集会の場に着いて、そこにおいて彼らのために働きがなされるまで待っているのです。彼らは、家庭のことが気になり、後に残してきた事柄の方が、主の来臨に心を備えることよりも、より価値があり重要だと考えているのです。そのために、ほとんどの人は、来たときと比べ、少しも良くならないまま去るのです。このような集会には多くの費用が伴っているので、もし来た人々が益を受けなければ、それは彼らにとって損失となり、このための働きの重荷を感じている人々にとって、彼らは働きを非常に困難なものにする存在なのです。わたしたちの民は、あの会議からあまりにも早く去りすぎてしまいました。もしすべての人々が残り、働きに従事していたら、わたしたちは神からのもっと多くの特別な働きを見たかもしれません。

G姉妹、わたしはあなたへのメッセージを持っています。あなたは、神の国から遠く離れた所にいます。あなたはこの世を愛し、その愛が、あなたを冷ややかで、利己的で、厳しいことを要求する、ひどくけちな人にしているのです。あなたのうちにある最大の関心事は、力を持っている強大なドルです。あなたのような状態にある人を神がいかにごらんになっておられるかを、あなたは少しもわかっていません。あなたは、恐ろしい欺瞞の中にいるのです。あなたの心を新たにすることによって造り変えられる代わりに、あなたは世と一つになっています。自己中心性と自己愛が、あなたの生活においてかなりの割合ではっきりと例示されています。あなたは、ごく自分の品性の不幸な欠点を克服してきませんでした。もしこれが改善されなければ、あなたは天国を失い、さらに、この地におけるあなたの幸福は、大いに損なわれるでしょう。これは既に起こってきました。あなたの後についてきて、あなたの人生を覆っている暗雲は、ますます大きくなり、暗さを増し、最後にはあなたの全天が雲に覆われるでしょう。あなたが右に行っても、そこには光がなく、左に行っても、あなたは光を見つけることができません。

あなたは、問題がない所に、自分自身で問題を起こしています。なぜなら、あなたは正しくないからです。あなたは献身していません。あなたの、愚痴っぽく、ひどくけちな精神があなたを不幸にし、神を不快にさせているのです。あなたの人生において、あなたは自分自身を幸福にしようとして、自分の利益を求めてきました。これは愚かで、無益な業です。ここであなたが投資すればするほど、損失は一層大きくなるでしょう。自分自身に仕えるこの商売において仕入れ品が少なければ少ないほど、あなたの側の蓄えは、一層多くなるでしょう。あなたは私欲のない無我の愛には不慣れな人であり、この貴重な特徴に欠けていても、あなたがそれを特別に罪だと理解しない限り、あなたはその愛を育てる努力をしないでしょう。

あなたは夫を愛し、結婚しました。あなたは彼と結婚する時、それは同時に、彼の子どもたちの母親になると誓約したことを理解していました。しかし、この事柄において、あなたの中に欠けている点があることを、わたしは示されました。あなたには悲しいことに、必要なものが欠けているのです。あなたは夫の子どもたちを愛していません。あなたのうちに、そしてあなたの管理のやり方に、まったき変化、十分な改革がなされない限り、これらの貴重な宝は損なわれます。愛情を表現することが、あなたのしつけには含まれていません。わたしはあなたに真実を告げることによって、嫌われるかもしれません。あなたはあまりにも利己的なので、他人の子どもたちを愛することができないのです。あなたが、十分に吟味され、試され、あなたに大いに不足しているこれらのものが正されない限り、あなたがたの結合の実には、力、命、健康による繁栄も祝福ももたらされず、また、神のみ霊はあなた自身から去って行くことを、わたしは示されました。あなたの利己心が、あなたの周りにいる若者の心を萎縮させ、駄目にするように、神の呪いは、あなたの利己的な愛と結合の誓約を萎縮させ、駄目にするでしょう。さらに、もしあなたがその利己的な歩みを続けるならば、あなたが神のみ前で、高慢で利己的でない心を謙虚にするまで、神はあなたに近づき、あなたの偶像を一つずつ面前から取り除かれるでしょう。

あなたは信頼に応えなかったので、神の日に恐ろしい説明責任を果たさなければならないことを、わたしは示されました。あなたは、これらの愛すべき子どもたちの人生を、特に娘の人生を、非常に苦悩の多いものにしているのです。愛情、心のこもった世話、忍耐深さはどこにあるのですか。憎しみが、あなたの清められていない心の中に、愛よりも多く生きています。あなたの唇からは、賞賛や励ましよりも、多くの非難の言葉が飛び出してきます。あなたの態度、あなたの厳しいやり方、あなたの同情のない性質は、あの繊細な娘にとっては、あたかも柔らかい植物を荒廃させる雹《ひょう》のようなものです。それは、植物の命が枯死するまで、すべての柔らかい芽をへし折ります。こうして植物は、傷つき、粉々になるのです。

あなたのやり方は、子どもたちの中にある愛、希望、喜びの水路を干上がらせています。悲しみが、いつも少女の表情に現されています。しかし、それは、あなたの中に同情と優しさを目覚めさせる代わりに、短気と明白な嫌悪を喚起しています。あなたの選択次第で、あなたはこれを生気と快活さにあふれた表情に変えることができます。「神はごらんになっていないのでしょうか」と天使は言いました。神は何もご存じないでしょうか。あなたは、これらの事柄のために訪ねられるでしょう。あなたは、自発的にこの責任を引き受けました。しかし、サタンは、あなたの不幸、愛し愛されない性質、あなたの自己愛、あなたの閉鎖性、あなたの自己中心性を利用しました。今やそれが修正も抑制もされず、おぞましい姿で現れ、鉄の帯のようにあなたを縛りつけているのです。

子どもたちは、母親の表情を読み取ります。愛か憎しみのどちらかが現されていると、彼らはそれを理解します。あなたは、ご自分の働きを知らないのです。悲しげな小さな顔、愛を切望する呼び声で押しつぶされた心から湧き上がっているため息は、憐れみの情を呼び覚まさないのでしょうか。それは子どもをあなたから一層遠く離れさせ、あなたの嫌悪感を増すのです。

わたしは、この父親が、父親たる者が取るべき振る舞いをしてこなかったことを示されました。神は、彼の態度を喜んでおられません。別の誰かが、彼の骨肉を分けた者からこの父親の心を盗んだのでした。G兄弟、あなたは識別力が非常に欠けていました。あなたは一家の長としての、あなたの立場を取るべきでしたし、事態を今のように放任すべきではありませんでした。あなたは、事態がうまくいっていないことを見て、ときには心配していましたが、現在の妻を怒らせ、家族に不幸な争いを生じさせることを恐れたので、話すべき時に沈黙し続けてきたのでした。あなたは、この事態において、はっきりした態度を取っていません。あなたの子どもたちのために弁明し、優しい言葉によって非難からかくまってくれる母親がいないのです。

あなたの子どもたち、そして、その胸に母親としての愛が流れていた人を失った他のすべての子どもたちは、決して充足されることのない喪失を経験したのです。しかし、この打ちひしがれた小さな群れの母親の立場にあえて立つとき、二倍の気遣いと重荷を背負うことになります。可能ならば、実母よりも優しくし、厳しい非難や譴責も控えるのです。このようにして、小さな群れがこうむってきた喪失を埋めるのです。G兄弟、あなたはこれまで眠っている人のようでした。あなたの子どもたちのことを心に留め、あなたの保護の腕で彼らを囲い、彼らを優しく愛しなさい。もしあなたがこれをしなければ、あなたに対して「不足と見られる」（ダニエル五の二七参照）と記されるでしょう。

あなたがた二人にとって、なすべき働きがあります。不平を言うのを永久にやめなさい。G兄弟よ、閉鎖的で、ひどくけちで、利己的な妻の精神に、あなたの行動を支配させるままにしてはなりません。あなたは、同じ精神の水を飲んできました。その結果、あなたがた二人は、神のものを盗んだのです。貧しさの訴えがあなたの唇にありますが、それが偽りであることを天は知っています。しかし、あなたの言葉は皆真実となるでしょう。あなたがこれまでしてきたように、この世への愛を抱き続けるならば、あなたは本当に貧しくなるでしょう。「人は神を偽りうるか。あなたたちはわたしを偽っていながら、どのようにあなたを偽っていますか、と言う。それは、十分の一の献げ物と、献納物においてである。あなたたちは、甚だしく呪われる」（マラキ三の八、九）。この呪いをできるだけ速やかに払い落としなさい。

G兄弟よ、神の管理人として、神を見つめなさい。あなたの管理人の務めについての説明責任を果たすべき相手は、あなたの妻ではなく、神です。あなたが取り扱っているのは、神の資金です。神は、あなたが果たして、「善を行い、良い行いに富み、物惜しみをせず、喜んで分け与える」（Iテモテ六の一八）かどうか、また、あなたが永遠の命をしっかりとつかめるように、来たるべき時代に対して立派な土台を自分自身のために築くかどうか、あなたを立証し、試すために、資金をしばらくの間、あなたに貸与しているだけなのです。神は、神ご自身のものを利子と共に要求なさいます。あなたが裁きに対して備えるのを、神が助けてくださいますように、と祈ります。自我をはりつけにさせなさい。聖霊の尊い恵みに、あなたの心の中に住んでいただきなさい。世を、その堕落した欲情と一緒に追い出しなさい。「世も世にあるものも、愛してはいけません。世を愛する人がいれば、御父への愛はその人の内にありません」（Ｉヨハネ二の一五）。たとえあなたの信仰の告白が天のように高邁《こうまい》なものであっても、あなたが利己的で世を愛する者であるならば、聖化された清く聖なる人たちと一緒に天の王国の一員となることはできません。「あなたの富のあるところに、あなたの心もあるのだ」（マタイ六の二一）。もしあなたの宝が天にあるならば、あなたの心もそこにあるでしょう。あなたは、天や永遠の命や朽ちない冠について語るでしょう。もしあなたが、ご自分の富を地上に蓄えるならば、あなたは損失や利益に関して心配し、地上の事柄について語るでしょう。「人は、たとえ全世界を手に入れても、自分の命を失ったら、何の得があろうか。自分の命を買い戻すのに、どんな代価を支払えようか」（マルコ八の三六、三七）。

それを持たなければ滅びる、と感じさえすれば、あなたへの光と救いは存在しているのです。イエスは、最後まで救うことがおできになります。しかし、Ｇ姉妹よ、もし神がわたしによってこれまで語ってこられたとすれば、あなたは、あなた自身に関して甚だ欺かれているのです。あなたには、まったき回心が必要です。そうしなければ、あなたは、小羊の血によってその衣を洗い、白くしていただいて、大いなる悩みを通り抜けて来る人々の一員になることは決してできないでしょう。

第7章　肉食と刺激物

親愛なるH兄姉へ　真理によって清められる前になされるべき働きがある幾人かの人々の間に、あなたがたの姿があったことをわたしは思い出しました。あなたがたは、それが真実であることがわかったので、真理を大切に受け入れました。しかし真理は、あなたがたをまだつかんではいません。あなたがたは、真理が生活に及ぼす清めの影響力を悟っていません。健康改革および、万事において節制を実行するというこの終末時代に住む神の民に与えられている義務に関する光が、あなたがたの進路上に輝いています。この光を見て飲食や働き方を矯正するのとは反対の方向に進む人々の間に、あなたがたがいるのをわたしは見ました。真理の光が受け入れられ、実行されると、真理によって清められるすべての人々の生活と品性において徹底的改革がなされるでしょう。

あなたの商売は、清い生活の進展にとって友好的ではなく、かえって、恵みの成長と真理の知識を妨げる性格のものです。それは、人を低く卑しくし、人の性向をより動物的にする傾向を持っています。高度の思考力が、より低度の思考によって押さえつけられるのです。あなたの性質の肉的な部分が、霊的な部分を支配するのです。生きたまま天に移されるにふさわしくなると公言している人々は、肉屋になるべきではありません。

あなたの家族は、主に肉食をしてきたので、動物的性向が強化され、一方で知的性向は弱められてきました。わたしたちは食べるものによって造られているので、死んだ動物の肉を多く食べていれば、動物の性質を受け継ぐでしょう。あなたがたは、あなたの器官の愚鈍な部分を強化し、一方で、洗練された部分を弱体化しました。あなたがたは、肉食にふける弁明として、「たとえ他人にとって肉食がどんなに有害であるとしても、わたしを害することはありません。だって、わたしは生涯ずっとそれをしてきたからです」と繰り返し言ってきました。しかし、あなたがたがもし肉の使用を避けてきたならば、どんなに健康になっていたか、あなたがたは知らないのです。家族全体としてもあなたがたは、病気から解放された状態からはほど遠い所にいます。あなたがたは、神がみ言葉の中ではっきりと禁じておられる動物の脂肪を用いてきました。「脂肪と血は決して食べてはならない。これはあなたたちがどこに住もうとも、代々にわたって守るべき不変の定めである」（レビ三の一七）。「あなたたちがどこに住もうとも、鳥類および動物の血は決して食用に供してはならない。血を食用に供する者はすべて自分が属する民から断たれる」（レビ七の二六、二七）。

あなたがたには肉がありますが、これは良い食材ではありません。これほど多くの量の肉のために、あなたがたは体調が悪くなっているのです。もしあなたがたが、各自、もっと質素な食事をして、二五～三〇ポンド体重が減ったら、あなたがたは病気にかかりにくくなるでしょう。肉食は、血液と肉体の質を悪くしました。あなたがたの身体組織は炎症状態にあって、病気にかかりやすくなっています。あなたがたは病気に立ち向かう抵抗力を持っていないので、病気の発作と突然死の危険があります。あなたが持っていると自分勝手に思い込んでいた力と健康が弱いことがはっきりとわかる時がやってきます。人間の胃をたたえることが主要な目的ではありません。満たすべき動物的必要もありますが、だからといって、この必要のために、人間はまったく動物的になってよいのでしょうか。

あなたがたは、子どもたちのために、不健康な方法で調理された不健全な食べ物の食卓を整えてきました。その結果あなたがたは、彼らの前に肉を置いてきました。あなたは何でしょうか。子どもたちは、洗練され、知的で、従順で、良心的で、宗教に関心がありますか。まったくそうではなく、完全にその反対であることを、あなたがたは知っています。あなたがたの生活態度が、あなたがたの動物的性質を強め、霊的性質を弱めてきたのです。あなたがたは、飲食の野卑な習慣によって一層悪くなった、堕落した性質という惨めな遺産を、あなたがたの子どもたちに伝達しました。あなたがたの食卓は、子どもたちの現在を形成する働きを完成したのでした。罪が、あなたがたの入り口に横たわっています。子どもたちは、宗教的な興味はなく、自制心がなく、あなたがたの権威に従わず、反抗的な傾向を持っています。特に、あなたがたの長男は堕落していて、大いに動物的性質を帯びています。彼の身体組織には、神のかたちの面影はほとんど見られません。あなたがたは、子どもたちが求めるとき、求めるままに食欲に耽けさせてきました。あなたがたの模範によって、子どもたちは、人は食べるために生きていること、食欲を満たすことが生きる価値のほぼすべてであると学びました。

H兄弟、あなたがなすべき働きがあります。あなたは、これまでずっと眠っているか、麻痺している人のようでした。あなたの家族の中の若者たちを救うための大きな努力をする時です。あなたの長男は、子どもたちに悪い影響だけを与えています。あなたの食卓を矯正しなさい。堕落した刺激的な食事は、あなたの子どもたちの動物的激情を強めます。わたしが知っているすべての家族の中で、あなたの家族がいちばん、獣肉と獣脂なしで済ませ、衛生的に料理することを学ぶ必要があります。

H姉妹は、血液が汚染されている女性です。彼女の身体組織は、肉食によって、腺病質の体液で満たされています。豚肉を使用したため、家族の中に悪質な血液が入ってきました。H姉妹は、自分の食事をいかなる種類の獣肉や獣脂を用いずに調理された、穀類、果物、野菜だけに厳格に限定する必要があります。命に正しく向き合える良い健康状態になるためには、厳格な食生活をかなり長時間する必要があります。自由に肉食をする人々が、曇りのない頭脳と活動的な知力を持つことは不可能です。

あなたの生活習慣を変えるようにと、わたしたちは勧めます。しかしこれを実行するときには、十分に理解して行動してください。わたしは、肉食から貧弱な食事に変えた家族を知っています。調理があまりにもへたなために、その食物を胃が受けつけないのです。そうしてわたしに、健康改革は自分には合わない、自分の体力は衰えてきている、と言ってくるのです。ここに、食物を単純にしようという努力が成功しなかった人がいる理由の一つがあります。彼らは、非常に乏しい食事をしているのです。食物は念入りに調理されず、いつも同じものばかりです。一回の食事で、多くの種類を用意すべきではありませんが、すべての食事が、変化のない、同じ種類の食べ物ばかりで構成されるべきではありません。食物は単純に調理されなければなりませんが、食欲をそそるように細かい配慮がなされなければなりません。あなたは、あなたの食物から獣脂を除くべきです。それは、あなたが調理するどのような食物からも純粋さを損ないます。果物と野菜を主に食しなさい。

食物の摂取量を減らし、その質を貧弱にして身体的力が減少した後で、ある人たちは、以前の生き方が最善であると、結論づけます。身体組織には、栄養が必要です。しかし、肉食は、健康や力にとって必要ではない、とわたしたちは躊躇《ちゅうちょ》することなく言えます。もし肉食をするとすれば、その理由は、堕落した食欲がそれを渇望するからです。肉食は、動物的性質を刺激し、動物的激情を強めます。動物的性質が増加すると、知的、道徳的力が減少します。肉食は、肥り過ぎの原因となり、頭脳の繊細な感受性を鈍感にする傾向があります。

天のみ使いたちに紹介されるように、神聖で、清く、洗練された者になるために備えている人々が、神の被造物の命を取り、その肉を糧とし、ぜいたく品としてそれを楽しみ続けるでしょうか。主がわたしに示された事柄からすると、物事の秩序は変えられるでしょう。そして、神の特別な民は、万事において節制を実行するでしょう。肉を主に食べている人々は、程度に差はあれ、病気にかかっている動物の肉を食べることを避けることはできません。動物を市場に出す準備の段階で、肉の中に病気が生じます。さらに、たとえ可能な限り健康的な手段をとっても、肉は市場に到着する前の運送によって温められ、病気になります。これらの病気にかかった動物の体液と肉は、直接血液の中に入り、人体の血流を巡り、体液と肉になるのです。このようにして体液が組織体の中に取り入れられるのです。さらに、もし既に血液が不純になっていたら、これらの動物の肉を食べることによって、不純な血液が大いに増加するのです。病気にかかる傾向は、肉食によって十倍になります。知能、道徳、また肉体の力は肉食の習慣によって低下します。肉食は身体組織を狂わせ、頭脳を曇らせ、道徳的な感覚を鈍らせます。

親愛なる兄弟姉妹よ、あなたがたにとって最も安全な道は肉に手をつけないことである、とわたしたちは申し上げます。

茶とコーヒーの使用もまた、身体組織にとって有害です。茶は、ある程度の酩酊を生じさせます。茶が血流の中に入り、次第に身体と頭脳の力を弱めます。それは、生命組織の動きを刺激し、興奮させ、早め、強いて不自然な動きへと導き、こうして茶を飲用する者は、これは大変役立つ力の出るものだという印象を得るのです。これは誤りです。茶は神経の力を抜き取り、神経を大いに弱めます。茶の影響力が去ると、茶の使用によって生じた活力は弱まります。その結果は何でしょうか。茶が与えた人為的な活発さに呼応する倦怠感と衰弱です。身体組織が、既に酷使され、休息が必要なときに、茶の使用は、刺激によって自然な体を無理に鼓舞して普通ではない不自然な行動をとらせるので、その結果、行動力や忍耐力が弱まります。こうして身体組織の力は、天が計画したよりもずっと早く尽きてしまうのです。茶は、身体組織にとって有害です。クリスチャンは、それに手をつけるべきではありません。コーヒーの影響力は、茶と同じ程度ですが、身体組織に与える効果はより悪いものです。その影響は、興奮を与え、標準以上に元気にさせるのので、それにより消耗させて、標準以下の疲労をもたらすのです。茶やコーヒーを飲用する者たちは、そのしるしが顔に現れます。皮膚が青白くなり、元気のない表情となります。健康の輝きは、その顔には見られません。茶とコーヒーは、身体組織に滋養を与えません。それらから得られる安堵感は、胃がそれらを消化する時間を持つ前の一過性のものです。このことは、これらの刺激物の使用者たちが「力」と呼んでいるものは、胃の神経を刺激することによって得られるだけのものであることを示しています。胃はこの刺激を脳に伝え、次いで脳は、増幅された活動を心臓に、また一時的なエネルギーを身体組織全体に与えるために覚醒するのです。これらすべての作用は、これを受けることによって一層悪くなる偽物の力なのです。これらは、少しも正常な力を与えません。

茶を飲用する第二の結果は、頭痛、覚醒、心悸亢進、消化不良、神経の震え、その他多くの害です。「こういうわけで、兄弟たち、神の憐れみによってあなたがたに勧めます。自分の体を神に喜ばれる聖なる生けるいけにえとして献げなさい。これこそ、あなたがたのなすべき礼拝です」（ローマ一二の一）。神は、死んだ、または、死につつあるいけにえではなく、生けるいけにえを求めておられるのです。神の要求を悟るとき、神がわたしたちに万事において節制するようにと求めておられることがわかるでしょう。わたしたちが創造された目的は、神のものであるわたしたちの体と霊によって、神の栄光をたたえることです。わたしたちは食欲に耽り、身体的道徳的力を損なっているときに、いかにこれらを実行することができるでしょうか。神はわたしたちに、わたしたちの体を生けるいけにえとしてささげるよう要求しておられます。ゆえに、わたしたちが神の要求を満たすことができるように、この体を最善の健康状態に保つことがわたしたちの義務として指示されているのです。「だから、あなたがたは食べるにしろ飲むにしろ、何をするにしても、すべて神の栄光を現すためにしなさい」（Ⅰコリント一〇の三一）。

あなたがたは、あなたがたの家を整然としておくために、なすべき仕事があります。あなたがた自身を、肉と霊のすべての汚れから清め、神を恐れて清めを全うしなさい。自分の誤りを発見するために熱心に努め、神を恐れて神の力に頼り、その誤りを取り除きなさい。親愛なる兄弟姉妹、あなたがたは整頓という事柄において、刷新する必要があります。あなたがたは、整理と徹底的な清潔さを愛する心を育てなければなりません。神は、秩序の神です。神は、神の民のだれであっても、その人のだらしない状態や無秩序な習慣を是認なさいません。衣服や家の中など、万事において、美的感覚と秩序を表しなさい。わたしたちは、特別な民として見られています。衣服改革は、世の流行とは顕著な対比を呈しています。この衣服を着用する人々は、そのすべての衣装において、趣味のよさと秩序と徹底的な清潔を表すべきです。衣服は、正しくきちんと整えて作られていなければ、着用してはなりません。なぜならば、わたしたちは、服装における無頓着とだらしなさによって、未信者たちに嫌悪の情を抱かせてはならず、かえって、わたしたちの衣服が、正当な考えによる判断であることがおのずと表れるような、慎ましく、健康的で小ざっぱりとしたものを着用すべきです。

真理の高邁な性質を理解し、贖罪の価値を悟り、永遠の事物を正しく評価するために、あなたがたは、明快で精力的な頭脳が必要です。もしあなたがたが、誤った道を歩み続け、悪い食習慣に耽り、それによって知力を弱めるならば、あなたがたに霊感を与えて、あなたがたの生活をキリストの生活に一致させようとする、救いと永遠の命の上に、あなたがたは高い価値を置かなくなるでしょう。あなたがたは、神の言葉が要求しており、また、不朽の命への最後の仕上げとなる道徳的適性を与えられるために必要な、神のご意志との完全な一致を得るために、これらの熱心な自己犠牲の努力を払わなくなるでしょう。

第8章　健康改革の怠慢

親愛なるI兄姉へ　主は、あなたがたに関するある事柄をわたしに示されました。それについて書くことがわたしの義務であると感じています。あなたがたは、健康改革に逆行する者としてわたしの前に提示された人々の中にいました。神の民が旅をしている道を、光が照らしていました。けれども全員が光の中を歩き、神の節理が彼らの前に道をはっきりと示し、開くやいなや従っているというわけではありません。それを実行するまでは、彼らは暗闇の中にいるでしょう。神が神の民に語ったということは、神は彼らが神の声に聞き従うように計画しておられるのです。

先日の安息日、わたしが話していると、あなたがたの青白い顔が、既にわたしに示されていたように、わたしの前に際立って見えました。あなたがたの健康状態と、あなたがたが長い間苦しんできた病気を、わたしは見ました。あなたがたが健康的に生活してこなかったことを、わたしは示されました。あなたがたの食欲は不健全で、あなたがたは胃を犠牲にして嗜好を満足させてきました。あなたがたは、良い血液に変えることが不可能な食べ物を、胃の中に取り入れてきたのです。これが肝臓に過重な負担をかけてきました。消化器官が乱されたからです。あなたがたは二人共、肝臓を病んでいます。健康改革を厳格に実行すれば、あなたがた二人にとって大きな益となるでしょう。これをあなたがたは実行してきませんでした。あなたがたの食欲は病的です。あなたがたは、ふるいにかけられていない小麦粉、スパイスや獣脂なしで調理された野菜や果物によるあっさりした単純な食品をたしなんでいないので、神があなたがたの身体組織の中に設けられた掟に、絶えず違反しているのです。あなたがたがこのことを行っている間、あなたがたは不利益に苦しまなければなりません。すべての律法違反には刑罰が伴うからです。それなのにあなたがたは、自分たちの健康でない状態が続いていることを不思議に思っているのです。

神は、あなたがた自身が歩んできた行動の結果からあなたがたを救うために、奇跡を行うことはありません。

あなたがたは、十分な空気を取り入れてきませんでした。I兄弟は商売に没頭し、限られた空気と運動量のなか、自分の店で働いてきました。彼の血液循環は、圧迫されています。彼は、肺の上部のみで呼吸しています。呼吸に際して、彼が腹筋を用いることはほとんどありません。胃、肝臓、肺、頭脳は、空気が深く十分に吸い込まれないため、苦しんでいます。深く十分に吸い込まれた空気は、血液を帯電させ、血液に明るい生き生きとした色を与えます。そしてそのような血液のみが、生命組織の各部を清く保ち、それらに正常な緊張と活力を与えます。

親愛なる兄弟姉妹よ、もしあなたがたが万事における節制――労働における節制、飲食における節制――を実行しさえすれば、あなたがたは、今よりもはるかに良い健康状態になり、非常に多くの事態の悪化を避けることができます。熱い飲み物は、胃を衰弱させます。チーズは、胃の中に決して入れてはなりません。精製された粉で作られたパンは、ふるいにかけられていない小麦のパンほどの滋養分を、身体組織に与えることはできません。ふるいにかけられた小麦粉のパンを常用すると、身体組織を健康的な状態に保つことはできません。あなたがたは二人共、肝臓がよく働いていません。精製された小麦粉の使用は、あなたがたが苦労している困難を増大させます。

あなたがたが今のように飲食している間は、現在の困難からあなたがたを解放できる処置法はありません。あなたがたは、最も経験を積んだ医師でも決してできない処置を、自分自身のために行うことができるのです。あなたがたの食事を規則的にしなさい。嗜好を満足させるためにあなたがたは、最も健康的でない食物を、ときには法外な量を胃の中に取り入れることで、消化器官にしばしば過重な負担をかけています。これが胃を疲れさせ、最も健康的な食物さえ受け入れにくくさせているのです。あなたがたは悪い食習慣によって、胃を絶えず衰弱させているのです。あなたがたの食物は、あまりにも油っこ過ぎます。それは、単純で自然な方法で調理されていません。あなたがたの嗜好に合わせて調理されたものは、胃にとってはまったく不都合なものとなります。自然は過酷な負担をかけられ、自然を損なうためのあなたがたの働きかけに、懸命に抵抗しているのです。悪寒と発熱は、あなたがたが課している重荷から逃れようとする、自然の試みの結果生じるものなのです。あなたがたは、自然の掟に違反した刑罰を受けなければならないのです。神は、あなたがたの身体組織の中に、それに違反すれば必ず刑罰が伴う掟を設けられました。あなたがたは健康を無視して、嗜好を満足させてきました。あなたがたは、少しは変わりましたが、健康改革における第一歩を踏み出したに過ぎません。神は、万事における節制をわたしたちに要求なさいます。「だから、あなたがたは食べるにしろ飲むにしろ、何をするにしても、すべて神の栄光を現すためにしなさい」（Ｉコリント一〇の三一）。

わたしが知っているすべての家族の中で、あなたたちほど健康改革の恩恵を受ける必要のある家族は他にありません。あなたがたは、自分たちでは説明ができない痛みと極度の疲労でうめいていますが、苦難は自分たちの運命であり、摂理がこのように定めたのだと考えて、できるだけ潔く服従しようとしています。もしあなたがたの目が開かれて、現在の哀れな健康状態に至るまで歩んできた人生の過程を見ることができるならば、あなたがたは、今まで、この問題の真相がまったくわかっていなかった自分たちの盲目さに驚くことでしょう。あなたがたは、不自然な食欲をつくってしまいました。その結果、あなたがたは、食欲を間違って用いなかったとしたら得るであろう、食物からの楽しみの半分も得ていないのです。あなたがたは、自然を歪曲《わいきょく》してきたので、その結果に苦しみ、これまで苦痛を味わってきました。

自然は、ぎりぎりまで抵抗せず、濫用に耐えています。しかし限界を越えると、立ち上がり、これまで苦しんできた障害やひどい取り扱いから逃れるために、大きな努力をします。その時に、頭痛、悪寒、発熱、神経過敏、麻痺、その他言い尽くせないほど多くの不調が起こるのです。間違った飲食の仕方は、健康を破壊し、それによって人生の楽しみを破壊するのです。おお、あなたがたは、身体組織を発熱させ、食欲を失わせ、睡眠を奪うという犠牲を払って、あなたがたが良い食事と呼ぶものを、幾度購入してきたことでしょう。食物を楽しむことができないこと、眠れない夜、何時間にも及ぶ苦しみ――これらは皆、嗜好を満足させる食事のせいなのです。多くの人々は、歪《ゆが》められた食欲に耽り、彼らの言うところの良い食事をしてきました。その結果、発熱、あるいは他の重篤な病気、そして確実な死がもたらされたのです。これが、莫大な費用を払って購入された楽しみだったのです。そして、多くの人々はこれを行ってきました。こういった自殺行為をする人々は、友人や牧師によってほめたたえられ、死ぬと直接天国に行けると考えていたのでした。なんという思想でしょう。天国の大食家たちとは。否、否、このような人たちは、神の黄金の都の真珠の門には決して入らないでしょう。このような人たちは、その人生が常に自己否定と犠牲の人生であった、カルバリーの苦難の人、尊い救い主、イエスの右の座にまで高められることは決してないでしょう。より良い命、朽ちない遺産にあずかるのにふさわしくないすべての人々のために定められた場所があります。

神は、すべての人々に彼らの体を、死んだ、あるいは、死につつある犠牲、彼ら自身の行動によって衰弱させ、汚れたものや病気でいっぱいにした犠牲ではなく、生きている犠牲として神にささげるように要求しておられます。神は、生きている犠牲を求められます。体は、神のみ霊が宿る所、聖霊の神殿であると、神はわたしたちに告げておられます。神は、神のかたちを表すために、彼らの体を大切にするように要求しておられるのです。「あなたがたはもはや自分自身のものではないのです」と霊感を受けた使徒は述べています。「あなたがたは、代価を払って買い取られたのです。だから、自分の体で神の栄光を現しなさい」(Iコリント六の一九、二〇)と。これを実行するために、徳には知識を、知識には自制を、自制には忍耐を加えなさい。体を、最善の健康状態に維持する方法を知ることは義務であり、神が慈悲深くもお与えになった光に従って生きることは、神聖な義務です。もしわたしたちが、捨てようとしない自分たちの誤りを見ることを恐れ、光に対して目を閉じていれば、わたしたちの罪は少なくなるどころか、増えていきます。もし一つの問題において光が拒否されれば、光は他の問題においても無視されるでしょう。十戒の掟を破ることが罪であるように、わたしたちの体の中に記されている掟を破ることも同じく罪なのです。なぜなら、両者共に神の律法を破ることになるからです。わたしたちが主を愛する以上に、わたしたちの食欲や嗜好を愛している間は、わたしたちは、心を尽くし、思いを尽くし、精神を尽くし、力を尽くして、主を愛することはできません。主が、わたしたちのすべての力、わたしたちのすべての思いを求めておられる時に、わたしたちは、神の栄光をたたえる力を日ごとに少なくしているのです。誤った習慣によって、わたしたちは命をつかむ手を弱くしています。それにもかかわらず、不朽の命に触れる仕上げの業に備えているキリストの弟子であると公言しているのです。

わたしの兄弟姉妹よ、あなたがたには、あなたがたに代わってだれも行うことができない働きがあるのです。あなたがたの無気力から目を覚ましなさい。そうすればキリストは、あなたがたに命を与えられるでしょう。あなたがたの生活、あなたがたの飲食、あなたがたの仕事の仕方を変えなさい。あなたがたは、長年たどってきた道を歩み続ける限り、神聖で永遠の事柄をはっきりと悟ることはできません。あなたがたの感受性は鈍り、知性は曇っています。あなたがたは、特権であったにもかかわらず、恵みにおいて、また真理を知る知識において、成長してきませんでした。あなたがたは、霊性を増してこなかったし、かえって暗さが一層深くなっています。あなたがたは財産を得るために、あまりにも急ぎすぎました。その結果、人から見てほしいと望むかたちでは人の利益を見ず、自分の利益だけを追求し、過度な危険を冒してきました。あなたがたは自分自身のうちにある利己心を育ててきましたが、これに打ち勝たなければなりません。あなたがた自身の心を詳細に調べ、あなたがたの生活において、誤りのない手本である主を真似なさい。そうすれば、あなたがたにとって万事がうまくいくでしょう。神のみ前に明らかな良心を持ち続けなさい。あなたがたが行うすべてのことにおいて、神のみ名をたたえなさい。利己心と自己愛とをあなたがたから剥ぎ取りなさい。

「あなたがたはこの世に倣ってはなりません。むしろ、心を新たにして自分を変えていただき、何が神のみ心であるか、何が善いことで、神に喜ばれ、また完全なことであるかをわきまえるようになりなさい」（ローマ一二の二）。人の習慣や行動が、あなたがたの規準であるべきではありません。あなたの状況がたとえどんなにつらいものであっても、決して行き過ぎてはいけません。サタンは、あなたにこれを行わせようとそそのかすために近くにいて、この事柄においてあなたに休みを与えません。たとえ商人であっても、クリスチャンとして、神のみ前に誠実さを保つことは可能です。しかしそのためには、絶えず目を覚ましておくことと、神のみ前に熱心な祈りをささげ、他の人々の不利益によって自己を利するというこの堕落した時代の悪の傾向から逃れることが必要です。

あなたがたは、清い生活へと成長するには厳しい場所にいます。あなたがたは原則を知ってはいますが、あなたがたの重荷のすべてを神の上に置いてはいません。あなたがたは、自分自身の弱い力に頼り過ぎています。あなたがたは、神の助け、自分自身の中に見つけることのできない神の力を、大いに必要としています。勧告を求めて行くことができるお方、無限の知恵を持つお方がおられるのです。そのお方は、あなたがたをそのお方のもとに来るようにと招いておられます。あなたがたの必要を満たそうと願っておられるからです。もし信仰によってあなたが、あなたの心配事をすべて、一羽の雀が落ちるのを日に留めておられるお方に委ねるならば、あなたの信頼は虚しくなることはありません。もしあなたが、神の確かな約束を信じて任せ、あなたの誠実さを保つならば、神の天使たちはあなたの周りにいてくださるでしょう。信仰によって、神のみ前に善い業をなし続けなさい。そうすれば、あなたの歩みは主によって整えられ、繁栄を与えられる主のみ手は、あなたから取り除かれることはありません。

もしあなたが、自分自身の道を計画通りに進むならば、この事柄においてあなたは粗末な働きをすることになり、信仰はすみやかに破綻《はたん》をきたすでしょう。あなたのすべての心配事や重荷を、担い手である主のもとに持って行きなさい。しかし、あなたのクリスチャン品性の汚点を曇らせるままにしてはなりません。すべての天使の軍勢と、自己否定の贖い主によって閲覧される、天にあるあなたの命の記録書に、強欲、守銭奴、利己的、偽取引などの刻印が断じて押されないようにしましょう。このような行動は、この世的な見方においては、あなたに利益をもたらすかもしれません。しかし、天の光に照らしてみれば、莫大な、取り返しのつかない損失であることが立証されるでしょう。「(主は)人間が見るようには見ない」(サムエル上一六の五)のです。絶えず神に信頼すること、そこには安全があります。将来の災いについての絶え間ない恐怖はなくなります。この余分な心配や不安は姿を消します。わたしたちには、神の子らを養われる天の父なる神が共にいて、必要なすべての時にその恵みを豊かに与えようとしておられ、そして必ず与えてくださいます。わたしたちが、自分たちを悩ませている事柄を自分でなんとかしようとしたり、成功を求めて自分たち自身の知恵に頼るとき、心配したり、危険や損失を予測したりするのももっともなことです。それがわたしたちの上にほとんど確実にやって来るからです。

神に対する十全な献身が、わたしたちに求められています。罪深い人間に対する贖い主が、わたしたちのために労し、苦難を味わっておられたとき、彼はご自身を否定なさいました。彼の一生は、労苦と欠乏の連続でした。もし彼がそう選びさえすれば、彼の地上における日々を安逸と豊かさの中で過ごし、この世のあらゆる娯楽と快楽を味わうことができました。しかし、彼はそうなさいませんでした。彼は、自分自身の便宜を考慮なさいませんでした。彼は、自分自身を満足させるためにではなく、善を行い、他の人々を苦難から救い、助けを最も必要としている人々を助けるために生きました。彼は最後まで耐え忍ばれました。わたしたちの平和のための懲らしめをご自身の上に担い、わたしたちの罪をすべて負ってくださいました。苦い杯が、わたしたちが飲むようにと割り当てられました。わたしたちの罪がそれに注がれました。しかし、愛するわたしたちの救い主は、その杯をわたしたちの唇から取り上げ、それを飲み、代わりに憐れみと祝福と救いの杯をわたしたちに差し出しておられるのです。堕落した人類のためのなんと莫大な犠牲であることでしょう。なんという愛、なんとすばらしい、測り知れない愛でしょう。

彼の愛を表す苦難が示された後で、わたしたちは、自分たちが耐えるべき小さな試練から後ずさりするでしょうか。わたしたちはキリストを愛し、それと同時に、十字架を負うことを拒むことができるでしょうか。栄光の中におられるキリストと一緒にいたいと願いながら、法廷からカルバリーに至るまでは、彼に従えないと言うのでしょうか。もし栄光の望みであるキリストがわたしたちの内にいるならば、わたしたちは、彼が歩かれたように歩くでしょう。わたしたちは、他の人々を祝福するための彼の犠牲の生涯を真似るでしょう。わたしたちは、この杯を飲み、このバプテスマにあずかるでしょう。わたしたちはキリストのために、献身と試練と自己否定の人生を歓迎するでしょう。天は、それを得るためにわたしたちがどんな犠牲でも払うことができるほど、十分に安価なものとなるでしょう。

第9章　誤っている人への愛

　J姉妹とK兄姉が、他の人々の中に誤りを見つけながらも、それらの誤りを矯正するための努力をせず、助けるべきであった人々を助けてこなかったことを、わたしは示されました。彼らは、この人たちをあまりにも放っておき、寄せつけようとせず、彼らのために何をしようとしても無駄だと感じてきました。これは間違っています。彼らは、そのように行うことで誤りを犯しているのです。キリストは、「わたしが来たのは、正しい人を招くためではなく、罪人を招いて悔い改めさせるためである」（ルカ五の三二）と言われました。主は、わたしたちに、助けを最も必要としている人々を助けさせたいと思っておられるのです。他の人々の中に誤りや悪事を見るとき、あなたがたはあまりにも自分自身の中に閉じこもっていて、真理を喜ぶことにおいて利己的すぎました。神は、このように、真理に満足して力を必要としている人々を助け励ますために何の犠牲も払わないことを是認なさいません。

　わたしたちは、皆が同じような性格を持ってはいませんし、多くの人々は正しく教育されていません。彼らの教育は不十分でした。ある人たちは、短気な性格を受け継いでおり、子ども時代の教育では、自制を教えられませんでした。このような激しやすい気性は、恨みや嫉妬《しっと》としばしば結びついています。他の点で誤っている人々もいます。ある人たちは、取引において不正直で、行き過ぎた商売をしています。また、家族を支配するのを好み、独裁的な人もいます。彼らの生活は、正しいことからほど遠い所にあります。彼らの教育は、まったく間違っていました。彼らは、これらの悪い性質の支配に委ねることが罪であることを、教えられませんでした。従って、彼らにとっては、罪がさほど甚だしく罪深いものとは思えないのです。教育がさほど誤っておらず、比較的良い訓練を受けてきた他の人々は、ずっとましな性格に育ちました。すべてのクリスチャンの生活は、善しにつけ悪しきにつけ、彼らの受けてきた教育に大いに影響されているのです。

　わたしたちの仲保者イエスは、わたしたちが囲まれているすべての境遇をご存じであり、わたしたちが受けてきた光と、わたしたちが置かれている環境に従って、わたしたちを取り扱われます。ある人たちは、他の人々よりもはるかに恵まれた性格を持っています。ある人たちは、自分たちの不幸な品性が原因で絶えず苦しめられ、悩み、問題を抱え、内面の敵や自分たちの性質の汚れと戦う一方で、他の人々は、戦うべき問題を半分も持っていません。彼らは、さほど恵まれた性格ではない彼らの兄弟姉妹たちが苦闘している困難な問題を、ほとんど苦労もせずに通過しているのです。

非常に多くの事例において、彼らは敵に勝利し、クリスチャン生活を送るために、わたしが述べてきた不幸な人々の半分も努力していません。後者は、ほとんど毎回不利な立場にいるように見えます。一方、前者は、そのように行うことが彼らには自然なので、はるかに優れているように見えるのです。彼らは、目を覚まし自制するために半分も努力していないかもしれません。けれども同時に、自分たちの生活を、不幸な性格を持ち、悪い教育を受けた人々の生活と比べ、それが対照的であることを自慢しているのです。彼らは、不幸な人々の失敗や誤り、悪い点について語りますが、自分たちがこの事柄において何らかの重荷を持っていることを感じていません。それどころか、これらの悪事を強調し、責めを負うべきこれらの人々を避けているのです。

あなたがた家族が教会において占めている指導的立場は、あなたがたが重荷の担い手となることが大いに必要であることを示しています。自分自身の重荷を負うことができるばかりではなく、他の人々も援助することができる人々のための重荷を、あなたがたが負うべきであるというのではなく、助けを最も必要としている人々、恵まれていない状況にある人々、誤りの中にいる人や欠陥のある人、また、あなたがたを傷つけてきたかもしれない人や、あなたがたの忍耐を限界に至るまで試みてきたかもしれない人たちを、あなたがたは助けるべきです。イエスが憐れんでおられるのは、まさにこのような人たちです。なぜなら、サタンは彼らの上により多くの力を発揮し、彼らの弱点を絶えず利用して、いちばん防備の弱い所を狙って彼らを傷つけるために、彼の矢を放っているからです。イエスは、まさにこのような哀れむべき人々のために、彼の力と憐れみを行使なさいます。だれがいちばん多く愛するだろう、とイエスが尋ねられたとき、シモンは、「帳消しにしてもらった額の多い方だと思います」（ルカ七の四三）と答えました。そのとおりになされるでしょう。イエスは、弱い者、不幸な者、助けのない者を避けませんでした。そうではなく、このような助けを必要としていた人たちを助けられました。彼は、不幸な人々を疎かにして、より知的で過ちの少ない人々に彼の訪問や働きを限定したりはなさいませんでした。彼は、最も貧しい人々の仲間になることが、自分にとって好ましいことであるかどうかを問題にしませんでした。これらの人々こそ、彼が探し求めた仲間の人々であり、イスラエルの家の失われた羊たちなのです。

これが、あなたがたが怠ってきた働きです。あなたがたは、好ましくない責任を避けてきました。そして、誤りを犯している人々のもとへ行って彼らを訪ねず、彼らに対する関心と愛を表さず、彼らと親しくしませんでした。あなたがたは、キリストのような赦しの精神を育てきませんでした。あなたがたは、あなたがたの慈愛の衣を彼らの上に掛けることができるために、すべての者たちが達しなければならない歩みがあるとして、境界線を引いてしまいました。あなたがたは、罪を覆い隠すことを求められてはいません。しかし、キリストがあなたがたにしてくださった誤りを犯している人に対する憐れみの愛を実践するようにと求められているのです。

あなたがたは、良いクリスチャン品性の成長のために、非常に恵まれた環境に置かれています。あなたがたは、危機的な欠乏を感じたり、不服従で反逆的な子どもの行動によって、魂がいら立たせられたり、苦しめられたりするような所にはいません。あなたがたの家族の中には、異議を唱える声は聞こえません。あなたがたは、心が願うことができるすべてのものを持っています。しかし、あなたがたの恵まれた環境にもかかわらず、あなたがたには欠点や誤りがあり、霊的な思い上がり、利己心、せっかちな精神、嫉妬心、意地悪な憶測から解放されるために、克服すべきものを多く持っています。

K兄弟は、非常に多くの人々が持っていて、悔い改めなければならない悪口を言う罪を持ってはいませんが、助けを最も必要としている人々を進んで助ける精神に欠けています。彼は利己的です。彼は自分の家庭を愛し、平穏、休息を愛し、心配事や困惑や試練からの自由を願っています。それゆえに彼は、あまりにも自分自身を喜ばせ過ぎているのです。彼は、天が彼に割り当てられた重荷を担っていません。彼は、好みに合わない責任を避け、平穏を愛するあまり、人づき合いをほとんどしません。彼は金銭的にはまったく物惜しみしません。しかし何か必要な善を行うために自己を否定することが必要なとき、彼の方に本当の犠牲が求められるとき、彼は経験がほとんどないので、その経験を得なければなりません。

彼が、もし誤っている人をあえて助けると、非難されるだろうと思って恐れているのです。「わたしたち強い者は、強くない者の弱さを担うべきであり、自分の満足を求めるべきではありません。おのおの善を行って隣人を喜ばせ、互いの向上に努めるべきです。キリストもご自分の満足はお求めになりませんでした。『あなたをそしる者のそしりが、わたしにふりかかった』と書いてあるとおりです」（ローマ一五の一〜三）。この大いなる救いにあずかっているすべての人々は、シオンの縁にぶら下がっている人々を助けるために何かすべきことがあるのです。彼らは、この人たちがつかんでいる手を切り離したり、彼らが勝利し、裁きに備えられるよう手伝うこともしないで、彼らを捨て去るべきではありません。断じて、そのようなことをしてはなりません。この人たちが群れの周りで鳴き声を出している間は、わたしたちの力で与えることができるすべての助けによって、彼らを励まし、力づけなければなりません。あなたの家族は、一つひとつの事例には適合することができない、あまりにも柔軟性のない規則や固定的な考えを持っています。あなたは、速く動くべきなのに動けない人々に対する愛、親切、優しさ、憐れみに欠けています。この精神はあなたが主にあって栄えないで、霊的にしおれていくほどまでに、支配的になってしまいました。あなたの関心、努力、心配は、あなたの家族や親戚に向けられています。そして、あなたの特別な囲いの外に影響を及ぼすことを躊躇《ちゅうちょ》する自分に打ち勝って、周囲にいる人々に手を伸ばそうとする考えを抱いたことはありません。あなたは持ち物を偶像視し、自分自身の殻に閉じこもっています。主がわたしに属するものを救ってくださるようにというのが、大きな重荷なのです。あなたが主にあって栄え、霊的な成長を遂げることができるように、教会が成長し、救われるべき魂が教会に加えられるように、この精神は死ぬべきでしょう。

あなたは、他の人々のために働くことに関して、まったく狭い考えを持っているので、あなたの働きの基本を変えなければなりません。あなたの親戚の人たちは、救いを必要としている他の哀れな人たちと比べて、神のみ前に特に親愛というわけではありません。わたしたちは自我と利己心を踏みつけ、イエスが地上におられたとき、現された自己犠牲と公平無私で物惜しみしない精神を、わたしたちの生活において例示しなければなりません。すべての人々は、自分の親戚に関心を持つべきですが、イエスが彼らだけを救うために来られたかのように、親戚の中に閉じ込もってしまってはなりません。

第10章　毎日の宗教

L兄姉へ　あなたがたには、家を秩序正しくするための働きがあることを、わたしは示されました。

L兄弟、あなたは真理を適切に提示してきませんでした。あなたは真理を愛してきましたが、真理はあなたが栄光の王国において、天のみ使いたちの社会にふさわしくされるために欠かせない生活を清める影響力を示してきませんでした。あなたは粗い一本の木材であって、大いに切られる必要があり、ざらざらした縁が除去され、でこぼこの表面が滑らかになるまで、神の作業場にとどまる必要があります。そうすれば、あなたは建物を造るにふさわしいと見なされます。

あなたは、現代の真理の主題を、あらゆる場所で紹介しないように注意すべきです。あなたは、人々にそれを語ることよりも、真理を生きることで、より多くをなすことができます。あなたは手本を示すことで、非常に多くをなすことができるのです。あなたは商取引の中にも、あなたの信仰の原則を実行できるように非常に慎重である必要があります。あなたの働きぶりを監査しているのは、あなたの雇用主の目ばかりではなく、神の目があなたの生活のすべての取引の上に注がれていることを常に覚えて、取引においては忠実に、働きにおいては完璧にしなさい。神の天使たちは、あなたの働きを見つめています。従って、一つひとつの働きに真理と忠実とを特徴づけることが、あなたの宗教の一部であるべきです。「ごく小さな事に忠実な者は、大きな事にも忠実である。ごく小さな事に不忠実な者は、大きな事にも不忠実である」（ルカ一六の一〇）。神は、あなたを正しく、清く、真実な人にしたいと願っておられるのです。

あなたは、妻や子どもたちに対して、賢明に、思慮分別をもって話していません。あなたは優しさと穏やかさを育まねばなりません。あなたの子どもたちの前には、最善の感化と模範がありませんでした。子どもたちがあなたを治めるのではなく、あなたが彼らを治めるべきです。乱暴に押さえつけるのではなく、堅固でしっかりとした目的を持って。

L姉妹、あなたには、勝利しなければならない大きな戦いがあります。あなたは、自我を勝利させてきました。あなたの頑固な意地が、あなたの最大の敵なのです。あなたには制圧されていない気質があり、自分の舌を治めていません。自制の欠如が、あなた自身にも、またあなたの家族にも、大きな傷を与えてきました。幸福、安息、平安は、あなたの住まいに毎回ほんの短期間しか宿りません。もしあなたの思いどおりにならないと、あなたはすぐにいらいらして、あたかも悪霊がついたかのように話し、行動します。天使たちは、怒りの言葉が飛び交う不一致の場から去ります。あなたは、激情にふけることによって、尊い天使たちをあなたの家庭から何度も追い出してきました。

同類は同類を生みます。あなたが表した同じ精神が、あなたの上に再び反映されてきました。あなたの子どもたちは、愛情、優しさ、穏やかさをほとんど見てこなかったので、真理に導いてくれるこれらを身につけたり、あなたの権威を尊重するように心を動かされたりすることは何一つ経験しませんでした。彼らは、あまりにも長い間、あなたによって生み出された悪の実を食べてきたので、苦々しい性質を持っているのです。彼らは、まったく堕落しているわけではありません。粗野な外見の下に、手を差し伸べてもらったら表面に現されるかもしれない善の衝動が残されています。もしあなたの宗教生活がもっと穏やかで、キリストの生涯を表していたならば、あなたの家族の様子は異なったものとなったことでしょう。「人は、自分の蒔いたものを、また刈り取ることになるのです」（ガラテヤ六の七）。あなたが種として蒔くものが、あなたが集める収穫となるでしょう。もしあなたの住まいの中で、やさしい言葉が一日中交わされていれば、そのような実をあなたが受けるでしょう。

大きな責任があなたの上に置かれています。これを考えると、あなたのすべての言動において、あなたはどれほど注意すべきことでしょう。子どもたちの心の中に、どのような種類の種をあなたは蒔いていますか。収穫の時――その収穫の時は、はるか彼方にあるのではありません。悪い種を決して蒔いてはなりません。サタンは、その働きをしようと構えているのです。清い純粋な種だけを蒔いてください。

わたしの親愛なる姉妹よ、あなたはこれまで、妬み深く、あら探しの好きな人でした。自分は疎んじられ、軽蔑されていると、あなたは考えてきました。実際あなたはあまりにも疎んじられてきました。しかし、あなたには自分のためにすべき働きがあり、それはだれもあなたの代わりにすることができないのです。長期間にわたって確立された第二の性質のようになってしまった習慣に勝利を得るには、努力、忍耐、熱心さが必要です。あなたの誤りや欠点をすべて含めたあなたに対して、わたしたちは最も親しい感情を抱いています。あなたの欠点を率直に告げる一方で、わたしたちができる限りの方法で、あなたを助けることを、わたしたちは固く約束します。

あなたが当然持つべき子としての愛を、あなたが持っていないことをわたしは示されました。あなたの性質の中の悪が、最も不自然な方法で行使されています。あなたは、両親に対して優しくはなく、敬ってもいません。両親の欠点がたとえ何であれ、あなたが彼らに対してとってきた態度に対して、あなたは何の言い訳もできません。それは、非常に冷淡で無礼な態度でした。天使たちは、「あなたが蒔いたものを、あなたもまた刈り取ることになる」という言葉を繰り返しながら、悲しみのうちに、あなたから去って行きました。時がたつと、あなたの両親があなたから受けてきた同じ仕打ちを、あなたはあなたの子どもたちから受けるでしょう。あなたは、あなたの両親を幸福にする最善の方法を学びませんでしたし、その目的のために、あなたの願望や楽しみを犠牲にしてきませんでした。地上での彼らの日々は、それほど多く残されておらず、墓に至る彼らの道を滑らかにするために、たとえあなたができるすべてのことをしたとしても、心配事と問題に満ちたものとなるでしょう。

「あなたの父母を敬え。そうすればあなたは、あなたの神、主が与えられる土地に長く生きることができる」(出エジプト二〇の一二)。これは、約束を伴う最初の掟です。この掟は、子どもと青年、中年と老人の上に課せられています。人生において、子どもたちが彼らの両親を敬うことから免除される期間は存在しません。この厳粛な責務は、すべての息子、娘に課せられていて、主が忠実な者たちに与えられる土地において、彼らの命を長らえさせる条件の一つです。これは、注目する値打ちのない主題ではなく、非常に重要な事柄なのです。この約束は、服従の条件の上になされています。もし従うならば、あなたの神が与えられる土地において、あなたは長く生きるでしょう。もし従わなければ、あなたはその土地において、長く生きることはないでしょう。

わたしの姉妹よ、ここに、あなたが祈りのうちに考え、熱心に瞑想すべき主題があります。永遠の光に照らして、あなた自身の心を綿密に調べてください。その調査の間、何一つ隠してはなりません。あなたの人生を徹底的に探索しなさい。あなた自身を裁き、あなた自身に判決を下しなさい。次いで、あなたのクリスチャン品性から汚れを取り除くために、キリストの清めの血を信仰によって求めなさい。自分自身をへつらったり、言い訳をしたりしてはなりません。あなた自身の魂を、真実に取り扱いなさい。さらに、あなたが自分自身を罪人だと悟ったら、すべて打ち砕かれて、十字架のもとにひれ伏しなさい。イエスは、全身汚れたありのままのあなたを受け入れてくださり、ご自身の血潮によってあなたを洗い、すべての汚れからあなたを清め、あなたを、清く調和ある天における天使たちの社会にふさわしくしてくださいます。天には、言い争いや不和はありません。すべてが健全で幸福で喜んでいます。

L姉妹、あなたは救いについてこれまで無関心ではありませんでした。あなたはときには、熱心な努力をしてきました。そして、教会の前と神のみ前にあなた自身を低くしてきました。しかし、あなたが必要としていたあの励まし、もしイエスが地上におられたとしたら、快く与えられたであろうあの励ましを、あなたは受けてきませんでした。愛が教会の中に欠けています。誤っている人への愛が、利己心によって隠蔽《いんぺい》されています。神の民の中に、この貴重な思いやりが大きく欠けているのです。神の民が自分に対して無関心であると考え、あなたの魂は、それに対して反逆してきました。彼らは、正しく感じることも、正しく話すこともありませんでした。彼らは、正しい道を追求してこなかったのです。このことにおいて、彼らは正当であるとは認められません。それに対して、天は眉をひそめています。イエスはあなたを憐れみ、疲れていて重荷を負っているあなたを、ご自分のもとに来て、柔和で謙虚な生き方に学ぶようにと招いておられます。そうすれば、あなたの魂は安息を見いだすでしょう。キリストの軛《くびき》は負いやすく、彼の重荷は軽いのです。困惑し、心配し、悩んでいるとき、重荷を負ってくださるお方のもとに逃げ込みなさい。イエスにすべてを打ち明けなさい。あなたの兄弟姉妹たちは、あなたの努力を理解していないかもしれませんし、勝利を得るためにあなたがどんなに一生懸命頑張ったかを知らないかもしれません。しかし、それで失望してはなりません。もしイエスがご存じであるならば、もし彼があなたの誠実な努力を知っておられるならば、それで満足しなさい。

あなたの人生には徹底的な改革、あなたの思いを新たにすることによる変化がなければなりません。あなたが助けを必要としているので、神はその民にあなたを助けるようにと要求しておられます。あなたもまた彼らに助けてもらうために、十分に身を低くしなければなりません。規則に従わない教会員に対して手綱をゆるめるよう誘惑されるとき、記録をしている天使が、すべての言葉を記していることを覚えなさい。すべての言葉がその書物に書かれていて、キリストの血によって洗い流されない限り、あなたはそれらに向き合わなければなりません。あなたは今、天に汚れた記録を持っているのです。神のみ前における真心からの悔い改めは、受け入れられます。激情から話そうとするときは、あなたの口を閉じなさい。言葉を述べてはなりません。話す前に祈りなさい。そうすれば、天使があなたを助けるためにやって来て、あなたに神を崇めないようにさせ、神のみ業を非難させ、あなた自身の魂を弱くする悪天使たちを追い払います。

特にあなたには、両親に敬意を示さなかったこれまでの歩みを、謙虚に告白すべき働きがあります。両親へこの不自然な態度をとる何の理由も存在しません。それは、まさにサタンの精神以外の何物でもなく、あなたがそれに耽ってきたのは、あなたの母親があなたの歩みを罰してこなかったからです。あなたの感情には、明白な反感や明らかな無作法ばかりではなく、憎しみ、敵意、恨み、妬みがあり、それらはあなたの行動に表れていて、両親に苦悩と困難を感じさせているのです。あなたは、彼らを幸福にしようとも、楽をさせてあげようとすら思っていません。あなたの感情は変わりやすいのです。あなたの心はときどき穏やかになっても、誰かの失敗を見ると、すぐに固く閉ざされてしまうので、天使たちは愛の情緒を一つも心に印象づけることができないのです。悪魔があなたを支配しているので、あなたは不愉快になり、憎むのです。神は、神が敬いなさいと命じられたあなたの両親に対する無作法な言葉や不親切な行いに、目を留められました。もしあなたがこの大きな罪を認めてそれを悔い改めなければ、あなたの暗闇は一層その度を増し、ついにあなたは悪の道に取り残されるでしょう。

助けを必要としていて、その必要を感じているすべての人々を、主はいつでも助けようと構えておられます。もしあなたが、神のみ前におけるあなたの貧しさと醜さとを悟り、神の力を必死でつかむならば、神はあなたを助け、祝福し、力を与えて、その善い業によって、あなたが他の人々を、天におられるわたしたちの神をたたえるように導くことができるようにさせてくださいます。あなたは、あなた自身を見ますか。あなたの意志と道とを神に従わせますか。あなたは、神のみ前に純粋で汚れのない宗教を求めますか。この惨めな状況を通るとき、何があなたの役に立つことでしょう。このような生き方の中で、あなた自身に幸福はありませんし、あなたの周りの人々も、あなたと交わっても幸福ではありません。

確かにあなたは、あなた自身で大変多くの悲惨さを作っています。そして、あなたが送ってきたような人生には、たいした価値はありません。ですから、神と和解なさったらいかがですか。イエスがあなたを癒すことができるように、自我に死に、回心しなさい。イエスは、もしあなたがイエスの計画された方法で救われることに同意すれば、あなたを救いたいと願っておられるのです。あなたがすべての誤りを見つけてそれを矯正するために、主があなたを助けてくださるように、というのがわたしの祈りです。

L兄弟よ、あなたは、聞くに早く、語るに遅く、怒るに遅くあるべきです。あなたの言葉に注意しなさい。サタンに、あなたを他の人々の躓《つまず》きの石とさせてはなりません。あなたの商取引には誤りがあります。あなたは、あなたの働きを軽んじています。あなたは、仕事がきちんと終わっていないのに、この程度でよいと考えて、できるだけ早く仕事をすませます。あなたは、徹底性に欠けているのです。あなたは、あなたのするすべてのことにおいて、分別と秩序を育まねばなりません。「いやしくもするに足ることとは、立派にやり遂げる価値がある」のです。あなたがもし職業生活において忠実さを欠くならば、宗教生活においても忠実さを欠くでしょう。その結果、神の日に、神殿の秤は、あなたが不足しているという事実を示すでしょう。この不足は、あなたの信仰に対する譴責《けんせき》です。未信者たちは、それを不正直だと責めて、次のように言うでしょう。「もし安息日を守っているのがこのような人たちであるならば、わたしはそのような部類の人にはなりたくない」と。

人々があなたの働きを調べたとき、それが、忍耐、正確さ、秩序に欠けていることを知り、あなたを詐欺師《さぎ》だと言って、多くの厳しい言葉をさらに投げかけてきました。多くののしりの言葉が、あなたの働きに向けられ、神のみ名が冒瀆《ぼうとく》されてきました。あなたは、不正直であるつもりはないでしょうが、あなたの商売にはいい加減な点があるのです。あなたの雇い主があまりにも念入り過ぎるので、それに見合うようなうまい答え方を心得ているとあなたは考えています。このようにして、このいい加減さ、だらしなさ、中途半端なやり方があなたの働きのいたるところに見られます。あなたはこの点を改善しなければなりません。あなたはすべての働きにおいて尊ばれ、神による検査に耐えられるような態度で、あなたの働きを終わらせなければなりません。いかなる仕事でも、軽んじることを潔しとしないでください。小事に忠実でありなさい。

あなたの妻の戦いにおいて、彼女を助けなさい。あなたの言葉に注意し、上品な態度、親切、優しさを育みなさい。そうすれば、あなたは、その行いに対する報いを得るでしょう。

第11章　家庭における改革

M兄弟へ　わたしに示されたことからすると、あなたが神のみ前に受け入れられる前に、あなたには実現すべき大きな働きがあります。自我が、あまりにも目立ち過ぎます。あなたは、性急で激しやすい気性を持ち、あなたの家族の中で、独断的で、威圧的です。M姉妹は、家の中をだらしなく、取り散らしています。彼女は、元々の性格の中に、秩序や整頓の要素を持っていないのです。しかし、彼女はこれらの事柄を改善することができます。M兄弟、あなたはあなたの妻を譴責《けんせき》していますし、専横的で、あなたが持つべき愛を持っていません。彼女はあなたの威圧的な気質をひどく怖がっていますが、自分の悪い習慣を改めるためにできることをしません。それが家庭を不快で腹立たしい場所にしているのです。

M兄弟、あなたは家族に対して、思慮分別のある行いをしてきませんでした。あなたの子どもたちは、あなたを愛していません。愛するどころか、憎んでいます。あなたの妻はあなたを愛していません。あなたが愛されるような道をたどっていないからです。あなたは極端な人です。あなたは子どもたちに対して厳しく、厳格で、独断的です。あなたは彼らに真理を語りますが、その原則を日常生活に取り入れていません。あなたは、忍耐せず、我慢せず、赦しません。あなたは、長い間あなた自身の気持ちのままに行動してきました。あなたは、きっかけさえあれば、いつでも激情の中、飛び込む用意ができているので、あなたがキリストの心にふさわしくなるために、果たして十分な努力をしているのかどうか、甚だ疑わしく思えるのです。あなたは、忍耐、我慢、優しさ、愛の力を持っていません。これらのクリスチャンの美徳は、あなたが本当のクリスチャンになる前に、あなたのものとなっていなければなりません。あなたは、あなた自身の妻や子どもたちほどの存在でない人々のために、励ましの言葉や親切な行為を温存しています。あなた自身の家族に対する親切な言葉、優しい表情、賛辞と是認を育みなさい。これが、あなたの幸福に大いに影響を与えるからです。非難や不機嫌な言葉を、あなたの口から決して出してはいけません。どこででも支配し、服従させようとするこの願望を抑えなさい。あなたは、非常に無愛想で、人を寄せつけない気質を持っています。あなたは、ある人たちには利己的で、出し惜しみしますが、あなたのことを高く評価してほしいと願う人たちに対しては、どんなものでも、たとえそれがあなた自身の家族が必要とするものであっても、犠牲にします。人々の賞賛と尊敬を得られる場合には、あなたは出し惜しみしません。もし気前よく接することにした人々への大きな犠牲によって、天国を手に入れることができるとすれば、あなたは確かにそれを獲得するでしょう。もしそれによって、あなた自身が高められるならば、あなたは、他の人たちの益のために最大の不便さを味わうことにも異を唱えません。これらの事柄においてあなたは、薄荷《はっか》や茴香《ういきょう》の什一はささげるものの、正義や神への愛という、より重要な事柄を疎かにしているのです。

あなたは、あなたの家族の中で正しくはありません。あなたは、そこにおいてなすべき働きがあります。まず、あなたの妻を安心させ、幸福にしなさい。次いで、あなたの子どもたちの状況を考えなさい。彼らに十分な食べ物と衣服を与えなさい。それからもしできるならば、あなたの妻や子どもたちには不自由な思いをさせない上で、助けを最も必要としている人々を助け、それらが感謝されるところにあなたの善意を与えなさい。そうすれば、あなたが出し惜しみしない人であることに対して当然の賛辞があるでしょう。しかし、あなたの第一の、そして最も神聖な義務は、あなたの家族に対するものです。他の人々に恩恵が与えられるために、あなたの家族への義務が奪われてはなりません。あなたの慈愛、あなたの物惜しみしない心が、あなた自身の家族の中で見られるようにしなさい。あなたの愛情、関心、優しさ、献身の明白な証拠を彼らに与えなさい。これは、あなたの幸福と深い関係があるのです。あなたの妻へのあら探しや非難を止めなさい。なぜなら、これはあなたにとって困難を増すだけであり、彼女にとっては地獄のような思いをするだけだからです。

神の天使たちは、物事の秩序が変わるまでは、あなたの家族の中に宿らないでしょう。求められているのは、あなたの資金ではありません。しかし非難されたとき、あなたは、教会が求めたのはあなたの資金であったと考えていました。あなたは思い違いをしています。あなたはこれまで、あなたの資金をあまりにも物惜しみせず与えてきました。その理由は、これが、あなたがたが救いを得、教会における地位を獲得する手段だと考えていたからでした。それは断じて違います。求められているのはあなたであり、あなたが持っているわずかな資金ではありません。思いが新たにされ、回心することによって、あなたが造り変えられるならば、あなた自身の魂と真実に向き合いなさい。教会が要求しているのは、まさにそのことだけなのです。あなたは、ずっと思い違いをしてきたのです。たとえ宗教的に見える人がいても、その人が自分の舌を制することができなければ、その人の宗教は虚しいのです。あなたの家族を、神が是認できるような態度で取り扱いなさい。そうすれば、平安があなたの住まいに宿るでしょう。すべてが、あなたの家族のためになされる必要があります。あなたの子どもたちは、あなたの悪い手本を目の当たりにしてきました。あなたは、家庭において非難し、責め、激しい感情を表しました。その一方で、同時にあなたは、恵みの玉座に向かって祈りをささげ、集会に出席し、真理のための証をしました。このような模範は、子どもたちを、あなたが告白する真理を軽蔑するように導いてきました。彼らは、あなたのキリスト教にまったく確信を持っていません。彼らは、あなたが偽善者であると信じています。そしてあなたがひどい思い違いをしている人であることは、本当のことなのです。あなたは、聖霊を金で手に入れられると考えていた魔術師シモンと同様に、十全な変化がなされなければ、天国に入ることはできません。あなたの家族は、人を出し抜くあなたの精神、他人をすぐに利用するあなたの態度、あなたが時々取引きした人々に示したひどくけちな精神を見ているので、あなたを軽蔑しています。しかし彼らは、確実にあなたの悪行の足跡に従うでしょう。

あなたの商取引は、正当な方法ではありません。正当に商取引をすると同時に、憐れみを愛することは、あなたにとっては困難なことです。あなたは自分の生活によって、神のみ業の名誉を傷つけてきました。あなたは真理を求めて競ってきましたが、正しい心を持ってはいません。あなたがいなければ真理を抱いていたかもしれない魂を、妨害してきました。彼らは安息日遵守者だと公言する人々の誤りと悪行を指摘して、次のように言いながら、彼ら自身の言い訳をしました。「彼らはわたしと比べて少しも善くはない。嘘《うそ》をつき、欺き、誇張し、怒り、自分自身の賛辞を誇らしげに話す。このような宗教ならば、わたしはほしくはない」と。このようにして、欠点だらけのこれら安息日遵守者たちの献身していない生活は、彼ら自身を罪人に対する躓《つまず》きの石としているのです。

今あなたの前にある働きは、あなたの家族の中で始めなければなりません。あなたはこれまで外面的に改善しようと懸命に試みてきました。しかしその働きは、あまりにも表面的でした。それは外部の働きであって、心の内部の働きではありません。あなたの心の整理をしなさい。神のみ前にあなた自身を低くし、あなたを助けてくださるように神の恵みを乞い求めなさい。偽善的なファリサイ派の人々のように、他の人たちの目に献身的で義人だと見られるために、物事を行ってはなりません。神のみ前にあなたの心を砕き、聖なる天使らを欺くことは不可能であると知りなさい。あなたの言動はすべて、彼らの監査のために公開されています。あなたの動機や意図、またあなたの心の中の目的は、すべて明らかになって彼らに注視されます。最も心の奥にある秘密の事柄も、彼らに隠すことはできません。あなたの心を砕きなさい。そして、実際はそうでないのに、あなたが正しいと兄弟たちに思われようとして、心配しすぎないようにしなさい。あなたの家族に油断なく気を配りなさい。あなたは他の人たちの悪事を見つけようと見張っていますが、もうそれはやめなさい。今あなたがすべきことは、あなた自身の悪事に打ち勝つことであり、あなたの強力な内面の敵と戦うことです。寡婦や孤児に正しく対応しなさい。あなたの動機や行動が、それらの上に築こうとしている建物を支えきれないのに、あなたを正しいと思ってほしいと大いに願っている人々に影響を与えるために、あなたの行為の上に、薄っぺらな欺瞞の覆いを投げかけてはなりません。

すべての争闘を止めて、平和をつくり出す者となるようにしなさい。言葉で愛するのではなく、行いと真実をもって愛しなさい。あなたの行いは、裁きに耐えるものでなければなりません。あなたは自分自身の魂と、真実な商取引をするでしょうか。自分自身を欺いてはなりません。神は欺かれないお方であることを覚えなさい。永遠の命を持っている人々は、彼らの家を整えるために、彼らにできるすべてのことをするでしょう。彼らは、まず自分自身の心から始めて、勝利を、厳粛な勝利を得るまで、働きを続けなければなりません。自我は死なねばなりません。そして、キリストがあなたのうちに生きなければなりません。永遠の命の水が涌き出る泉があなたの中に存在しなければなりません。今のあなたには、年を取っても正しくいられる品性を形成するための貴重な時間が与えられているのです。今のあなたには、時間を買い戻すための期間が割り当てられているのです。あなたは、自分自身の力であなたの誤りや悪事を取り除くことはできません。それらは、あなたの上に長年の間に増加してきたのです。なぜなら、あなたは、それらの中にあるぞっとするほどの恐ろしさを見てきませんでしたし、神の力により、固い決意を持ってそれらを捨ててこなかったからです。生きた信仰によって、あなたは、救いの力強い腕を堅くつかまなければなりません。神のみ前に、あなたの哀れで、高慢で、自己を義とする心を低くしなさい。神の足もとにひれ伏して、あなたの罪深さをすべて打ち砕いていただきなさい。備えの働きのために、あなた自身を献げなさい。「わたしの贖《あがな》い主は生きておられる。そして、そのお方が生きておられるので、わたしもまた生きる」と真心から言うことができるようになるまで、休んではなりません。

もしあなたが天国を失えば、すべてを失うことになります。もしあなたが天国を得れば、すべてのものを得ることになるのです。この事柄において誤らないようにと、わたしはあなたに懇願します。永遠の関心事がここに含まれているのです。周到な人になりなさい。すべての恵みに満ちた神が、あなたに霊的洞察力を与え、あなたが永遠の事柄を悟ることができるように、真理の光によって、あなた自身の多くの誤りが、ありのままの姿で発見されるように、それらを捨て去るためにあなたが必要な努力をすることができるように、その結果、この悪くて苦い実の代わりに、永遠の命に至る尊い実が生じるように、と祈ります。「あなたがたはその実で彼らを見分ける」（マタイ七の二〇）と記されています。すべての木は、その実によって見分けられます。この木の上に、どのような種類の実がこれから見いだされるのでしょうか。あなたがつける実が、果たしてあなたが良い木であるのか、それとも、キリストが彼の天使に、「切り倒せ。なぜ、土地をふさがせておくのか」（ルカ一三の七）と命じられるような木であるのかどうかを決めるでしょう。

第12章　背かれた良心

親愛なるN兄弟へ　あなたに短い文章を書き届けるべき義務感にわたしは迫られています。保留しておけないあなたの問題に関するある事柄が、わたしに示されました。あなたの妻が真理を受け入れなかったので、サタンがあなたを利用したことを、わたしは示されました。あなたは、地獄に足を踏み入れている一人の堕落した女性との交際に投げ込まれました。彼女は、あなたが妻から反対を受けたことで、あなたへの深い同情を打ち明けました。エデンの蛇のように、彼女は魅力的な態度をとりました。彼女は、あなたは裏切られた人だ、あなたの妻はあなたの感情を理解しておらず、あなたの愛情に報いておらず、あなたの結婚関係は間違っていたという印象をあなたの心に投げかけました。そして最後には、あなたが妻として受け入れた彼女に対してなされた、命が続く限り変わらないとの結婚の誓いは、いらいらさせる鎖のようだと考えるようになりました。あなたは、一見天使の言葉のように思われるこの言葉に同調しました。あなたは、二人が生きながらえる限り、愛し、敬い、慈しむ、とあなたが誓った妻に対してのみ打ち明けるべき事柄を、彼女の耳に注ぎ込みました。あなたは、誘惑に陥らないように常に目を覚まして祈ることを忘れました。あなたの魂は、一つの犯罪によって傷つけられました。あなたは、天にあるあなたの人生の記録簿に、一つの恐ろしい染みをつけました。しかし、神のみ前における深いへりくだりと悔い改めは、神に受け入れられるでしょう。キリストの血は、これらの罪を洗い流す効力があります。

あなたは、堕落しました。恐怖を感じるほどに堕落しました。サタンは、あなたを彼の網の中に誘い込み、自分で抜け出すのが難しい状況の中に放置しました。あなたは、悩み疲れ、困惑し、恐ろしいばかりに誘惑されてきました。良心の呵責《かしゃく》が、あなたを悩ましています。あなたは、あなた自身を信用できず、他のすべての人々もあなたを信用していない、と考えています。あなたは自分自身をねたんでいて、他の人もあなたをねたんでいると思っています。あなたは自分自身に確信を持てず、あなたの兄弟たちもあなたに確信を持っていない、と思っています。サタンは、過去をあなたの前にしばしば提示し、真理を実生活に生かそうと試みても無駄だ、あなたが通るには狭すぎる道だ、と告げています。あなたは敗北してきました。今サタンは、あなたは救いの限界を通り過ぎたと信じさせるために、あなたの罪深い過去の歩みを利用しているのです。あなたは、激しい戦闘が行われているサタンの戦場にいるのです。すべての家族の周囲に張り巡らされている防壁、それが家族を神聖なものとしているのですが、あなたはそれを破壊してしまったのです。そこで今サタンは、ほとんど絶え間なく、あなたを悩ませ疲れさせているのです。

あなたには安らぎがありません。あなたには平安がないので、あなたは、自分の葛藤《かっとう》と疑念と嫉妬《しっと》心を、あなたの兄弟たちのせいにしようとしているのです。兄弟たちが間違っているのであり、彼らが自分のことを無視しているのだ、とあなたは感じています。問題は、あなたの側にあるのです。あなたは、あなた自身の道を欲しており、神のみ前にあなたの心を砕いてはいません。砕かれた謙虚な思いをもって、破壊され、罪深く、汚れたあなた自身を、すべて神の憐れみの上に投げかけていないのです。自分自身を救うためのあなたの努力は、もしそれが継続されるならば、あなたの確実な破滅となって終わるでしょう。

妬みとあら探しを止めなさい。あなたの注意を、あなた自身の問題に向け、謙虚な悔い改めと、キリストの血のみに寄りすがることによって、あなた自身の魂を救いなさい。永遠のために十全な働きをしなさい。もしあなたが真理から離れるならば、あなたは壊れた人となり、あなたの家族は崩壊します。私生活と家族関係の特権を神聖に保つ防備が、一旦倒壊された後、それを建て直すことは困難です。しかし、神の力によって、そして、神の力によってのみ、あなたはそれをすることができます。真理、神聖な真理こそ、犯罪と破滅という下流へと流されていくことからあなたを救う錨《いかり》なのです。

一旦背かれた良心は、非常に弱くなります。それは、常に目を覚ましていることと、絶えることのない祈りによって得られる力を必要としています。あなたは、滑りやすい場所に立っているのです。完全な破滅からあなたを守り、あなたを救い出すために、真理が与えることができるすべての力を、あなたは必要としています。命と死とがあなたの前にあります。あなたはそのどちらを選びますか。もしあなたが、原則の上に固く立つ必要性を悟り、衝動によって動くのではなく、すぐに失望することなく、苦難を耐え忍ぶ備えをしていたならば、あなたは、あなたが経験してきたような敗北を味わうことはなかったことでしょう。あなたは、これまで衝動によって行動してきました。あなたは、欠点のない、わたしたちの大いなる模範者に倣って、あなた自身に対する罪人たちの反抗に耐えようとしてきませんでした。わたしたちが気力を失い疲れ果ててしまわないように、これに対し忍耐された方のことをよく考えるようにと、わたしたちは勧められています。あなたは忍耐力を持っておらず、子どものように弱い人でした。あなたは、信仰によって確立され、力づけられ、落ち着きを得、動じることなく、鍛錬される必要性を感じてきませんでした。

あなたは、あなた自身が教えられるのではなく、他の人々に真理を教えることがあなたの義務であるかもしれない、と感じてきました。しかしあなたは、他の人たちから真理を受けるために、進んで学ぶ人にならなければなりません。さらに、あら探し、妬み、不平を述べることを止め、あなたの魂を救うことができる、植えつけられたみ言葉を、柔和な心で受けなければなりません。あなたが幸福になるか、それとも悲惨を味わうかは、あなたの選択いかんにかかっています。あなたは、かつては誘惑に委ねてしまいましたので、あなた自身の力に今は頼ることができません。サタンは、あなたの思いを治める大きな力を持っているので、あなたが真理の抑制力から離れるときに、あなたを支え守るものは何もなくなるのです。真理の抑制力は、あなたを犯罪や罪悪から抑制するための安全装置でした。あなたの唯一の希望は、徹底的な回心を求め、立派に整えられた生活と敬虔な会話によって、過去をあがなうことです。

あなたは、衝動的に行動してきました。興奮が、あなたの元々の性格の好みに合っていました。今あなたの唯一の希望は、神の掟を冒した過去の罪を真心から悔い改め、真理に従うことによって、あなたの魂を清めることです。思想の清めと生活の清めを育みなさい。神の恵みは、あなたの欲情を抑え、あなたの食欲を抑制するための力となるでしょう。熱心な祈りとそのために目を覚ましていることは、あなたの働きを完成させ、あなたを罪のない大いなる模範者に似るようにするために、あなたの助けとして聖霊をもたらすでしょう。

もしあなたが、真理の神聖な抑制力を捨てることを選ぶならば、サタンは、彼の意のままにあなたを捕虜とするでしょう。あなたは、食欲と欲情にはけ口を与え、肉欲、悪事、忌まわしい願望に対して手綱をゆるめる危険があるでしょう。試練と苦難のもとでも、表情に静かな落ち着きを浮かべ、忠実なエノクのように、あなたの顔を希望と人知を超える平和とで輝かせる代わりに、あなたは、表情に肉の思いと肉欲願望の刻印を押されるでしょう。あなたには、神の刻印ではなく、サタンの刻印が押されるでしょう。

「この栄光と力ある業とによって、わたしたちは尊くすばらしい約束を与えられています。それは、あなたがたがこれらによって、情欲に染まったこの世の退廃を免れ、神の本性にあずからせていただくようになるためです」（Ⅱペトロ一の四）。へりくだった告白と真心からの悔い改めによって、み言葉を受け取り、主に向かって立ち帰ることは、今あなたの特権です。キリストの尊い血は、あなたをすべての不純から清め、あなたのすべての汚れを取り除き、キリストのうちにあなたを完全にすることがおできになります。キリストの憐れみは、もしあなたがそれを受け入れさえすれば、まだあなたの手に届く範囲内にあります。誤っているあなたの妻と、あなた自身の体の実である子どもたちのために、悪を行うことを止め、善を行うことを学びなさい。あなたが蒔いたものを、あなたは刈り取ることになるのです。あなたが肉に向かって蒔けば、肉により堕落を刈り取るでしょう。聖霊に向かって蒔けば、聖霊により永遠の命を刈り取るでしょう。

あなたは、あなたの神経過敏とあら探しに打ち勝たなければなりません。あなたは、自分が受けるべきだと思っているほどの注目を周りから受けていないので、妬んでいます。感受性に基づく気持ちと、熱狂主義の色合いのあるものに、あなたは決して固執してはなりません。それは安全ではありません。原則と十全な理解によって行動しなさい。聖書を探求しなさい。あなたのうちにある希望の理由を尋ねるすべての人に、柔和さと畏れの念をもって与えることができるようになりなさい。自己称揚の念が死ぬようにしなさい。「罪人たち、手を清めなさい。心の定まらない者たち、心を清めなさい。悲しみ、嘆き、泣きなさい。笑いを悲しみに変え、喜びを愁いに変えなさい」（ヤコブ四の八、九）。誘惑と悪の思いに悩み疲れるとき、安全と救援を求めてあなたが逃げ込むことができる、唯一のお方がおられるのです。あなたの弱さのままで彼のもとに逃げ込みなさい。キリストの側にいるとき、サタンの矢は折られ、あなたを損なうことはできません。神にあって担われる試練と誘惑は、あなたを清め、謙虚にしますが、あなたを滅ぼしたり、危害を与えたりすることはありません。

第13章　警告と叱責

親愛なるO兄弟へ　あなたが、イエスからの光の輝きによって取り除かれていない暗黒に包まれているのを、わたしは示されました。あなたは、自分の危険に気づいていないようでしたが、実は、無気力で無関心、冷淡で無頓着な状態でした。わたしが、大いに案じられるべきこの状態の原因を尋ねたところ、昔のことが指摘され、あなたが真理を受け入れてから、真理によって清められてこなかったことが示されました。あなたは、あなた自身の霊性を壊すほど、食欲と欲情を満足させてきました。神は、教会の中に置かれた賜物を通して、教え、勧告し、導き、譴責《けんせき》し、警告する光を、既に与えてこられたことを、わたしは示されました。あなたが信じていると公言してきたこれらの証は、神からのものですが、あなたはこれらの証を実践すべきものだと見なしてきませんでした。光を無視することとは、それを拒むことです。光を無視すると、人は暗黒と不信の鎖によってつながれた捕虜となります。

あなたは、自分で自分の上にもたらしている責任を悟ることのないまま、あなたの家族を増やしてきたことを、わたしは示されました。あなたの伴侶や子どもたちを正当に扱うことは、あなたにとって不可能なことでした。あなたの最初の妻は、死ぬような状況ではありませんでした。しかし、あなたは、心配事と重荷を彼女の上にもたらしたので、その結果、彼女の命はその犠牲となったのでした。あなたの現在の妻は、つらい運命を担っています。彼女の活力は、ほとんど使い果たされています。家族をあまりにも急速に増やすことによって、あなたたちは貧困の状況に置かれたままでした。そして、家族の中の小さな子どもたちを育てる仕事に従事している母親は、自分の命を顧みる正当な機会を持つことができませんでした。彼女は、料理用ストーブの熱で暑くなった、最も好ましくない境遇の中で、子どもたちに授乳してきました。彼女は、自分が当然すべき子どもたちへのしつけができませんでしたし、食事や働きの規則正しい習慣もつけられませんでした。最も健康的な食べ物を食べず、神がわたしたち人間に確立された規則を犯した結果、年上の子どもたちに病気と若年死がもたらされました。病気があなたの子どもに伝染し、無制限な食肉の使用は、その困難を増しました。豚肉を食べることによって、身体組織の中にある致命的な体液が喚起され、強化されました。あなたの子孫は、生まれる前から活力が奪われています。あなたは、知識の美徳を加えてきませんでした。そしてあなたの子どもたちは、自分で健康を最善の状態に維持する方法を教えられてきませんでした。豚肉はたとえ一片たりとも、あなたの食卓の上に断じて置かれてはなりません。

あなたの子どもたちは、クリスチャンになるようにという目的をめざして育てられ、教育されることなく成長しました。多くの点で、あなたの牛の群れの方が、あなたの子どもたちよりも、よい扱いを受けてきました。あなたは、子どもたちに対する義務を果たさず、無知の中で成長するままに放置しました。あなたは、非常に大きな群れをこの世にもたらすことによって、彼らの救いについて大きな責任があるという、あなた自身が背負った責務に気づいていません。あなたは、この責務を放棄することはできません。天国にふさわしい品性の形成について、教える関心をあなた自身が持たず、忍耐深く忠実に子どもたちを教育しなかったことで、あなたは子どもたちの権利を奪ったのです。あなたのこれまでの振る舞いが、あなたに対する子どもたちの信頼を大いに壊してきました。あなたは厳格で、抑圧的で、専横的です。あなたは、いらいらして叱り、非難します。そのようにすることによって、子どもたちの愛情をあなたから引き離しているのです。あなたは、あたかも子どもたちが、正当な権利を持っていないかのように、あたかも、あなたの意のままに動かせる機械であるかのように、彼らを取り扱っています。あなたは彼らが怒るように仕向け、またしばしば彼らを失望させます。あなたは、彼らに愛と優しさを与えていません。愛は愛を生み、優しさは愛情を生むのです。あなたが子どもたちに対して表す精神は、あなたの上に反映されるでしょう。

あなたは、決定的に重要な状況下にありながら、そのことについて本当にはわかっていません。不節制な人が、忍耐する人であることは不可能です。まず節制をしなさい。そうすれば忍耐できます。あなたは長い間、自我のために生きてきました。そしてあなたは、神聖なる事柄を悟ることはできないという、あなた自身の想像に従ってきました。あなたの貪欲な食欲と激情が、あなたを支配してきました。知的器官のより高度な性質が、より低い基盤となる器官によって弱められ、支配されてきました。動物的傾向が力を得てきたのでした。理性が食欲に支配されるままにしていると、神聖な事柄についての高度な感覚が損なわれます。思いは卑しくなり、愛情は不純になり、言動は心の中にあるものを立証します。神は、あなたの会話とふるまいによって、人々に嫌悪され、汚されてきました。あなたの言葉は選択されず、上手に選ばれてきませんでした。下品で低俗な会話が、子どもたちや若者たちの前においてさえ、あなたの唇から自然に出ています。この点におけるあなたの影響力は、悪いものでした。

あなたの模範は、正しくはありませんでした。さらにあなたは、あなた自身の子どもたちや、主を求めている安息日遵守者の子どもたちの道の真ん中に立ちふさがってきました。この点におけるあなたの振る舞いは、いくら厳しく非難されてもし過ぎることはありません。「人の口からは、心にあふれていることが出て来るのである。善い人は、良いものを入れた倉から良いものを取り出し、悪い人は、悪いものを入れた倉から悪いものを取り出してくる。言っておくが、人は自分の話したつまらない言葉についてもすべて、裁きの日には責任を問われる。あなたは、自分の言葉によって義とされ、また、自分の言葉によって罪ある者とされる」(マタイ一二の三四～三七)。あなたの心は、真理への服従を通して、洗い清められ、聖化される必要があります。徹底的な回心――あなたの罪深い歩みに心から気づくことと、あなたの心が新たにされることによって得られる変革――以外の何物もあなたを救うことはできません。

あなたは、行いによって信仰を否定しないことの必要性を訴えるために、これまで非常に熱心でした。さらに、あなたの信仰を、あなたの子どもたちが一般的分野においてさえ教育を受ける機会を与えないための口実としてきました。あなた自身に関する知識こそ、あなたが必要としているものです。そしてあなたは、それを得る必要性にこれから気づかなくてはなりません。知識は、あなたの子どもたちが必要としているものですが、それを得る特権にあずかっていません。この大きな欠乏があるために、彼らは、有用な社会人になることができないのです。さらに、彼らは、宗教教育において不足するでしょう。重い責任が、あなたの入り口に宿っています。あなたは、自分の妻の命を縮めているのです。神のものである彼女の体と精神で、彼女は神の栄光をたたえることができるでしょうか。

神はあなたに光と知識をお与えになりました。あなたはそれが神から直接来たと信じると公言し、それはあなたに食欲を否定するようにと教えています。豚肉の使用は、神が出された命令に反すること、またその命令は、神が特に権威を示したいと願っておられたからではなく、豚肉が、それを食べる人々に有害であるから与えられたことを、あなたは知っています。豚肉の使用は、血液を汚す原因であり、頸部リンパ節結核菌と他の体液が身体組織を汚染し、こうしてすべての有機的体系が害を被るのです。特に、繊細で敏感な脳神経は、衰弱し非常に鈍くなるので、神聖な事柄が認識されず、一般的な事柄と同じ低いレベルに置かれるのです。病気が、ぞっとするこのひどい食べ物の使用によって起こることを示している光は、神の民がその光を受け入れられるようになるや否や、やって来たのでした。あなたはこの光に留意しましたか。

あなたはタバコの使用に関して、神が喜んで与えられた光に対して、直接反対してきました。食欲を満たすことが、天から与えられた光を隠し、あなたは、この有害な道楽を神としてきました。これはあなたの偶像です。あなたは、神の代わりにこの偶像に屈服してきました。それと同時に幻への大きな信仰を公言し、幻とはまったく正反対に行動してきました。長年の間あなたは、信仰生活において一歩も前進せず、かえって弱さや暗さの度合いが一層増してきました。あなたは、P兄弟が行ってきた真理に反対する振る舞いに対してひどく苦しんできました。あなたは、弱く失望している教会の状態を彼の反抗のせいだとしてきました。彼が――――における神のみ業の進展にとって、大きな妨げになってきたことは事実です。しかし、真理を知っていると公言し、神のみ業における経験を味わっていながら、あなたがとってきた行動は、彼の行動よりもより大きな妨げとなってきたのです。もしあなたが神の勧告に従い、あなたが信じていると公言している真理によって清められてきたならば、P兄弟は、これまで彼が持ってきたすべての疑念を持って来なかったことでしょう。幻の擁護者としてのあなたの立場は、信じていない人々にとっての躓《つまず》きの石でした。あなたの兄弟が、教会の悲しい状態が彼にもたらした大きな重荷のもとで立ち上がろうとしたことを、わたしは示されました。彼は負っていた重荷でほとんど倒れそうになり、命からがら去っていきました。神の憐れみがR兄姉の上に注がれていて、もし彼らの信仰が揺るがないままであるならば、彼らは今でも神の救いを彼ら自身の家と教会の中に見るであろうことを、わたしは示されました。

わたしに、親愛なるS兄姉の事例が示されました。彼らは、暗い海を通り抜けていて、波が彼らの頭上をほとんど覆ってきました。しかし神は、彼らを愛されました。もし彼らが、その道を神に任せさえすれば、神は、彼らを精錬して苦難の炉から導き出されるでしょう。S兄弟は暗い側面を見てきて、彼が果たして神の子どもであるかどうかを疑いました。彼の救いを疑ったのでした。彼は信じるために努力しすぎるべきではなく、子どもがその両親に信頼するように神に信頼すべきであることを、わたしは示されました。彼は、あまりにも心配し過ぎています。彼は、心配のあまりイエスのみ腕から抜け出してしまい、敵に、彼を誘惑し苦しめる機会を与えています。神は、体と心の弱さをご存じで、神が彼に実行する力を与えられる以上のことを、彼に要求なさいません。彼は、彼の信仰告白に対して、忠実かつ誠実であろうと努めてきました。彼はその生活の中で、すべて無知のゆえに、多くの事柄において失敗してきました。彼の子どもたちの鍛錬に関して、彼は、厳格であることが自分の義務であると考えて、行き過ぎた鍛錬をしてしまいました。彼は、小さな違反を、あまりにも重い厳格さをもって処理してきました。これが、息子の愛情を、父親から幾分引き離す影響を与えてきました。彼の病気の間、S兄弟は、病的な想像をしてきました。彼の神経組織はひどく錯乱していて、彼は、子どもたちは彼らが当然すべきほど、彼のことを思いやっても愛してもいない、と考えてきました。しかしこれは、病気のせいでした。サタンは、彼を破滅させ、彼の哀れな子どもたちを意気沮喪《そそう》させ、失望させようと願っています。しかし神は、これを彼の責任だとなさいませんでした。彼の子どもたちは、彼らより年上の多くの者たちよりもより大きな重荷を負っているので、彼らは、注意深い鍛錬、つまり同情と愛と大きな優しさが混在する分別のある賢明な訓練を受けるに値します。

母親は、夫を励まし助けるために、また、子どもたちの心と結びつけ、彼らの両親と互いに対する愛情を強めることにおいて多くのことをなすために、神からの特別な力と知恵を受けてきました。将来は非常に暗く、悪いことが起こりそうでしたが、憐れみの天使たちがこの家族の上に舞っているのを、わたしは示されました。S兄弟に対して同情心を持ってきた人々は、それを悔いることは決してないでしょう。なぜなら、彼は神の子どもであり、神に愛されている人であるからです。教会の抑圧された状況は、彼の健康にとって非常に有害でした。彼が暗い側面を見て、自己不信に陥り、墓の中を見下ろしているのを、わたしは示されました。彼は、これらの事柄をよくよ考えるべきではなく、誤りのない模範であるイエスを見つめるべきです。彼は、信仰を語り、希望を語り、主にある快活さと勇気をすすんで持つべきです。神のうちに憩い、厳しく荷の重い努力が彼の側に要求されていると感じてはなりません。神が要求なさるすべては、単純に信頼すること――弱さ、失意、不完全さを持ったまま、神のみ腕に飛び込むこと――です。そうすればイエスは、無力な者を助け、自分自身が非常に弱いと感じている人々を力づけ、強めてくださいます。神は、彼によって示される忍耐、信仰、服従を通して、彼の苦難の中で崇められるでしょう。これこそ、わたしたちが公言する真理の力を立証するものなのです。これこそ、わたしたちが必要とするときの慰めなのです。これこそ、これまで重要な支えであった世的な性質のすべての支柱が取り除かれるときの支えなのです。

わたしにまた、T兄弟の事例が示されました。彼は自分で自分を、神がお召しになっていない束縛の中に置きました。神は、高齢の父親たちが、自らの管理人の務めを献身していない子どもたちの手に渡すことをお喜びになりません。たとえその子どもたちが真理を公言していても、です。しかし、主が彼の民に委託なさった資金が、神の敵である未信者の子どもたちの手に置かれるとき、神のみ名が汚されます。なぜなら、主の領域に留められるべきものが、敵の領域に置かれるからです。

再び、T兄弟は、欺瞞者の一役を担ってきました。彼はタバコを吸っていましたが、兄弟たちには吸っていないと思わせていたのでした。この罪が、信仰生活における彼の成長を妨げてきたことを、わたしは示されました。彼は高齢ではありますが、魂に対して戦いを挑む肉欲を自制するためになすべき働きがあります。彼は、真理を愛し、真理のために苦難を味わってきました。今、彼は、永遠の報い、天にある宝、不朽の遺産、朽ちることのない栄光の冠を大いに尊重すべきであって、そうすることによって彼は、その結果、苦難が大きなものだとしても、肉と霊の清めの働きを完遂するために、堕落した食欲を満足させることを、喜んで犠牲にすることができるのです。

次いでわたしは、彼の義理の娘のことを示されました。彼女は神に愛されている人ですが、奴隷のような束縛、恐れ、おののき、失望、疑念、強度の神経質に捕われています。この姉妹は、自分よりも若い神を信じない青年に、自分の意志を委ねなければならない、と感じるべきではありません。彼女の結婚は個性を破壊するものではないことを、彼女は覚えるべきです。神は、地上のいかなる要求よりも、より高いものを彼女に要求しておられます。キリストは、ご自身の血によって彼女を買い取られました。彼女は、彼女自身のものではないのです。彼女は、自分の信頼をすべて神に置いてはいません。彼女の確信、自分の良心を、高圧的で専横的な男性に委ねているのです。悪魔的な王者が彼を通して効果的に働けるときはいつでも、彼はサタンにたたきつけられ、この震えながらたじろいでいる魂をおびえさせるのです。彼女は度々、感情的な動揺の中に投げ込まれてきたため、神経は参ってしまいました。その結果、彼女は単なる残骸に過ぎません。この姉妹が、このような状況のもとにいて、神への奉仕が奪われるのは、主のご意志なのでしょうか。決してそうではありません。彼女の結婚は、悪魔の欺瞞でした。しかしながら今は、彼女は結婚を最善の状態にすべきです。夫に優しく接し、自分の良心に反することなく、できる限り、彼を幸せにしなければなりません。なぜなら、もし彼が反逆の中に留まっているとすれば、この世界だけが彼が過ごすことができる天国だからです。しかし、サタンの精神を持っている高圧的な夫を満足させるために諸集会の特権を彼女自身から取り上げることは、神のご意志に従ったことではありません。神は、この震えている魂が神のもとに逃げ込むことを願っておられます。神が、彼女にとっての隠れ場となってくださいます。神は、荒れ野の中の巨大な岩の影のようになるでしょう。ただ信仰を持ち、神に信頼しさえすれば、神は力を与え、祝福してくださいます。彼女の三人の子どもたちは皆、真理と神のみ霊の影響を受け入れやすい人たちです。もしこの子どもたちが、安息日を遵守している多くの子どもたちのように、恵まれた環境に置かれたならば、全員が回心し、主の軍勢に参加するでしょう。

それからわたしは、同じ場所にいる若い女の子を示されました。彼女は神から離れ、暗闇に覆われていました。天使が言いました。「彼女は、ある期間は立派に走っていました。何が彼女を邪魔したのでしょうか」。わたしは、振り返るように指示されて、邪魔したものは環境の変化であったことを示されました。彼女は、彼女自身のような若者たちと交際していました。彼らは、陽気で、他人の失敗を喜び、高慢で、この世を愛する思いで満たされていました。もし彼女がキリストの言葉を大切にしていたならば、自分を敵に明け渡してしまう必要はありませんでした。「誘惑に陥らぬよう、目を覚まして祈っていなさい」(マルコ一四の三八)。わたしたちの周りには誘惑があるかもしれませんが、だからと言って、わたしたちが誘惑の中に入り込む必要はありません。真理こそ最も価値のあるものです。真理の影響力は、堕落に導くのではなく、高め、洗練し、清め、不朽の命と神の玉座にまで高めてくれます。天使は言いました。「あなたはキリストを得るのですか。それともこの世を得るのですか」と。サタンは、死ぬべき運命の哀れな人間たちに、非常に魅惑的で、喜ばせる魅力を持つ世界を提示します。彼らがそれを見つめると、世の輝きと虚飾は、天の栄光と神の玉座と同じように続く命に陰を落としてしまいます。平安、幸福、言い尽くせない喜びの命であり、悲しみ、悲嘆、苦痛や死について何も知らない命が、罪の短い人生のために犠牲にされるのです。地の快楽を拒み、モーセと共に、はかない罪の楽しみにふけるよりも、神の民と共に虐待される方を選び、キリストのゆえに受けるあざけりを世の財宝よりまさる富と考えるすべての人々は、忠実なモーセと一緒に、色あせることのない不朽の冠と、何物よりもまさり、永遠に重みのある栄光を受けるのです。

この女の子の母親は、その時々において、真理の影響力を受け入れやすい状態になりました。しかし彼女は、優柔不断のために、すぐにその感覚を失いました。彼女は、品性の中に決断力が欠けていて、あまりにも優柔不断で、未信者たちによって大いに感化されるのです。彼女は、決断力、不屈の精神、環境によって左右されない確固たる目的を育てなければなりません。彼女は、このように動揺する状態の中にいるべきではありません。もし彼女がこの点において改めなければ、彼女は容易にサタンの罠《わな》にかかり、彼の意のままに捕らえられるでしょう。彼女は、勝利の働きにおいて、忍耐と堅固な精神を持たなければなりません。そうしなければ、彼女は負けて、その魂を失うでしょう。救いの働きは、子どもの遊びごとではありません。志を持ってしっかりとつかむべきもので、好きなときだけにやればよいようなものではありません。

最後に勝利を得させるのは、不動の目的と不屈の努力です。救われるのは、終わりまで耐え忍ぶ人です。永遠の命と朽ちない報いを受けるのは、善い業を根気よく継続する人々です。親愛なるこの姉妹が、もし彼女の確信に対して真実であり、目的をしっかりと持ち続けていたならば、彼女は家族の中で、夫に対して救いの影響を行使していたかもしれませんし、娘の特別な助けとなっていたかもしれません。サタンとその軍勢とのこの戦いに参戦しているすべての人々は、目の前に差し迫った働きがあるのです。彼らは、火によって溶かされてどのような形にもなることができる蠟《ろう》のように感化されやすいものであってはなりません。彼らは、忠実な兵卒のように困難に耐え、彼らの持ち場を守り、常に真実でなければなりません。

神のみ霊は、この家族全員と戦っています。もし彼らが、神が定められた方法で喜んで救われたいと願うならば、み霊は彼らを救うでしょう。今は恵みの時です。今は救いの日です。今、今こそ神の時なのです。キリストに代わってわたしたちは彼らに嘆願します。可能であるうちに、神と和解しなさい。そして謙虚に、恐れおののきながら、彼らの救いをまっとうしなさい、と。教会を無関心の状態のままにしておくのは、サタンの働きであることを、わたしは示されました。それによって若者たちをサタン自身の階級に確保できるからです。若者たちは真理の影響を受け入れやすいことを、わたしは示されました。もし親たちが、自らを神にささげ、子どもたちの改心に関心を持って働くならば、神は、ご自身を子どもたちに啓示し、彼らの間で神のみ名が崇められるでしょう。

次に、わたしにU兄弟の事例が示されました。サタンは、U兄弟の周りに彼の紐《ひも》を巻きつけ、彼を神と彼の兄弟たちから引き離してきました。V兄弟が、自らの不信によって、U兄弟の知識を非常に暗くしてきました。わたしは振り返るように指摘され、この兄弟の事例において、最も賢明な道が追求されなかったことを示されました。彼がなぜ教会から離れていったのかという十分な理由はありませんでした。彼は、教会の中の兄弟たちと結びつくように励まされるべきで、むしろ強く勧められるべきでした。彼は、教会と結びつけられている幾人かの人たちよりも、教会の中に来るのにより適した状況にありました。彼は、事柄をはっきりとは理解していなかったので、敵は彼を傷つけるためにこの誤解を用いました。人々の心をごらんになる神は、U兄弟の生活と振る舞いのほうを、教会と結びついているある人たちの生活よりも、嬉しく思ってこられました。彼が、兄弟たちと親密になること、彼が彼らにとって力となり、彼らが彼にとって力となることが、主のみ心です。

U兄弟の妻は、真理によって捉えられ得る人です。多くの点において、彼女の振る舞いは、真理をすべて信じると公言しているある人々の振る舞いほど、問題のあるものではありません。しかし彼女は、良い事柄を公言している人々の失敗や間違いを見るべきではなく、真剣に「真理とは何か?」と問うべきです。彼女は仲間と一緒になって、善への影響力を行使できます。真理によって清められたこれらの魂は、神の力によって教会の柱となることができ、他の人々への救いの影響力を持つことができます。親愛なるこれらの魂は、彼らが与える影響について、神に説明する責任があります。彼らは、キリストと共に集めるか、それとも、遠くに散らすかのどちらかです。神は、神のみ業の真理における彼らの影響力に責任を持つことを要求なさいます。イエスは、彼ご自身の血によって彼らを買い求められました。彼らは値を払って既に買われたのですから、彼ら自身のものではありません。それゆえに、神のものである彼らの体と霊によって神の栄光をたたえるという働きが彼らの前にあるのです。わたしたちは、永遠のための働きを行っているのです。すべての時間を神の奉仕に用い、それによって天に宝を確保することが、最も重要なことなのです。

V兄弟よ、二年前に、＿＿＿＿にある教会との関連で、あなたの事例がわたしに示されました。この幻は、過去、現在、そして未来に関連していました。わたしたちが旅行をして、さまざまな場所にいる人々の前に立つとき、主のみ霊が、以前わたしに与えられた事柄をよみがえらせ、今まで示されてきた事例を明らかにします。あなたが、安息日に関連する重要な真理に反対の立場をとっていた時、あなたが安息日を受け入れている者としてわたしに示されました。あなたは、すべての真理によって防備されていませんでした。それから、あなたの思いが、不信と疑念の方向に向けられていて、不信と暗闇を強化するために計画された事柄を獲得しようと求めているのを、わたしは示されました。信仰を強めるための証拠を求めないで、あなたが反対の道を取ったので、サタンは、彼自身の目的にふさわしい道に、あなたの思いを導きました。あなたは争いが好きで、一旦戦場に入ると、武器を降ろす時を知りません。あなたは議論をすることが好きで、それがあなたを光から引き離し、あなたを真理と神から引き離し、あなたが暗闇に覆われてきた場所へと導いて、不信があなたの思いを占有するまで、この論争に耽ってきました。あなたは、サタンによって盲目にされてきたのです。

不信仰なトマスのように、あなたは、間違いのない証拠を得、あなたの思いから疑念のすべての原因を取り除くことができない限りは、疑うことは美徳であると考えてきました。イエスは、トマスが信じる前に見たいと言った証拠を彼に与えられる一方で、信じないトマスを賞賛なさったでしょうか。イエスは、彼に言われました。「信じない者ではなく、信じる者になりなさい」。トマスは答えて、「わたしの主、わたしの神よ」と言いました。

彼は、今や、信じないわけにはいかなくなりました。疑う余地がなくなったからです。その時イエスは、トマスに言われました。「わたしを見たから信じたのか。見ないのに信じる人は、幸いである」（ヨハネ二〇の二七～二九）と。

反逆の指導者と彼の軍勢と一体になって、インマヌエルの君の血に染まった旗のもとに立って正義のために戦っている人々を困惑させ、混乱させ、落胆させ、失望させ、打倒しようとしているあなたが、わたしの前に示されました。あなたの影響力が、人々の魂を第四条の掟である安息日遵守から引き離したことを示されました。あなたは、神の敵が、神の掟を守り、神に従おうとしている人々と戦うために、あなたの才能と技術を用いてきました。天使たちは、残っているものを力づけるため、あなたの影響力に抵抗し、妨害するため、遣わされてきましたが、彼らは、落胆させ破壊するあなたの働きを、深い悲しみの念を持って眺めてきました。あなたは、清く、罪のない、聖なる天使たちを泣かせてきたのです。

神の真理から逸れて、作り話に向かう一般大衆が特徴となっているこの終末時代の危機の中に生きている人々は、いたるところに備えられている作り話から離れて、大衆受けしない真理を喜んで求めるという、立派な働きをするでしょう。これらの作り話から離れて真理に向かう人々は、人々に受け入れられるために作り話を提示している人々によって、蔑まれ、憎まれ、迫害されます。サタンは、神の掟とイエスの証を守るために努力している残りの民と戦っています。悪天使たちは、彼らの代理人となる人々を雇うため、地上に遣わされています。これらの者たちは、神が、「あなたがたは、選ばれた民、王の系統を引く祭司、聖なる国民、神のものとなった民です。それは、あなたがたを暗闇の中から驚くべき光の中へと招き入れてくださった方の力ある業を、あなたがたが広く伝えるためなのです」（Ⅰペトロ二の九）と呼ばれる、残りの民に対するサタンの攻撃を効果的にするために、最も巧みに影響力を行使することができます。神の力ある業を広く伝えることこそ、サタンが妨げようと固く決めていることです。彼は、サタンの働きに従事するすべての人を用いて、神が選ばれた民が、彼らを暗闇の中から驚くべき光の中へと招き入れてくださった方の力ある業を広く伝えることを妨げさせます。この光を覆い隠すこと、民が光を信頼しないようにさせること、光を信じさせないこと、――これが大反逆者とその軍勢の働きなのです。

イエスが、ご自身の民をすべての罪から贖い、ご自身に似せて清めておられる一方で、サタンは、彼の軍勢を用いて、この働きを妨げ、聖なる者たちが完全にならないように妨害するでしょう。サタンは、欺瞞ですっかり覆われ、作り話と誤謬《ごびゅう》によって歩き、真理を受け入れ、それに従うために何の努力もしない人々には、力を行使しません。彼は、このような人については当てにできることを知っています。しかし、真理を愛することによってそれに従うことができるように、真理を求めている人々は、サタンの敵意を燃やし、彼の怒りをかき立てます。サタンは、彼らがイエスの近くにいる間は、彼らを決して弱めることはできません。それゆえに、不服従の道に彼らを導くことができるとき、彼は喜ぶのです。

　わたしたちが神に対して罪を犯すとき、一日分の道のりをイエスから遅れる傾向があります。わたしたちは、イエスの一団から離れようとします。なぜなら、イエスの神聖なご臨在から光が発せられるごとに、わたしたちが犯してきた罪が指摘されるので、一緒にいると不快になるからです。サタンは、魂を誘って犯させた罪を大いに喜び、これらすべての失敗と罪を最大限に活用します。彼は、それらを神の天使たちに繰り返し話し、これらの弱さと失敗のことで、彼らを愚弄《ぐろう》します。サタンはあらゆる点で、兄弟たちを非難する者であり、神の民が惑わされて犯したすべての罪と悪事を、大いに喜んでいるのです。

　V兄弟、あなたはかなりの規模で、これと同じ働きに従事してきたのです。あなたは、安息日を遵守しているアドベンチストの教会員の悪事や弱点、また誤謬だとあなたが思う事柄を取り上げ、それらが、天のみ使いたちが仕え、弁護者イエスが天父のみ前で執りなしておられるこの一団に対して戦っているわたしたちの信仰の敵の目に留まるようにしました。イエスは、「父よ。彼らを助けてください。彼らを赦してください。彼らは、わたしの血で買い取った者たちです」と叫び、傷ついた彼の両手を天父に向けて上げておられるのです。あなたは、神のみ前にある大きな罪を犯してきました。あなたは、神の民のある者たちが献身しておらず、しばしばサタンに負けるのを見て、神の民を悲しませ、彼らの上に苦悩をもたらすこれらの事柄を利用してきました。これらの誤った魂が正しい方向に進むのを助ける代わりに、あなたは勝ち誇ったように、彼らの誤りを、彼らが神の掟を守りイエスの信仰を持っていると公言しているという理由で彼らを憎んでいる人々の目につきやすいようにしてきました。あなたは、過ちを犯している人々を救い、イスラエルの家の失われた羊を捜し出す働きに従事している人々の働きを非常に困難にしてきたのです。

イスラエルの人々は、不服従と神からの離反のゆえに、袋小路に追い込まれ、逆境に苦しむままにさせられました。彼らの敵は彼らと戦うことが許されましたが、それは彼らを謙虚にさせ、問題と困惑の中で、彼らが神を求めるようにさせるためでした。「アマレクがレフィディムに来てイスラエルと戦ったとき」（出エジプト一七の八）。この出来事は、荒れ野を通ってカナンの地までイスラエルの子らが導くため、神が資格を与え任命された指導者たちに対して、彼らが反逆的なつぶやきと不正で衝動的な不満に身を任せてしまった直後に起こりました。主は彼らを試すために、また、神の力の非常に多くの証拠を受けた後に、果たして彼らが苦難の中で神に目を向けることを学び、過去における神に対する反逆的なつぶやきを悔い改めたかどうかを見るために、彼らを水のない場所へと導かれました。彼らは、モーセとアロンが彼らの財産で豊かになろうと、利己的な動機で、彼らと彼らの子どもたちを飢え死にさせるため、エジプトから導き上ったのだ、と非難しました。このようにすることによって、イスラエルの民は、無限の力を持っておられる神のみから来たものであるという誤りのない証拠を受けていた事柄を、人によるものとしたのでした。神は、これら神の力の驚くべき明示の原因を、神のみに帰するようにさせ、神のみ名が地上に広められるようになさるはずでした。主は、同じ試練の場に彼らを繰り返し連れてきて、彼らが神のやり方を学び、彼らの罪深い不服従と反逆的な不平の言葉を、悔い改めたかどうかを確かめようとなさいました。レフィディムにおいて、喉《のど》が渇いて水を求めた時、彼らは再び思い上がり、自分たちが依然として不信、不平、反逆の悪い心を持っていることを示しました。それは、彼らをカナンの土地に落ち着かせるにはいまだ懸念が残るという事実を表しました。カナンを旅における荒れ野をめざす試練と逆境の中で、神の力と栄光と彼らに対する保護の確実な証拠を、神が継続的に与えてこられたにもかかわらず、もし彼らが神の栄光を現さなければ、彼らは、祝福と繁栄に囲まれているカナンの地に定住するときも、神のみ名を広め、神の栄光を現さないでしょう。民は、喉が渇き水を求めて、怒りが燃え上がったため、モーセは命が奪われるのではと恐れました。

イスラエルの民がアマレクに襲われた時、モーセはヨシュアに、彼らの敵と戦うように命じ、その間彼は、手に神の杖を持って立ち、民の前で天に向かって手を高く上げ、反逆し不平を言っているイスラエルに、彼らの威力と力とは神のうちにあることを示しました。神こそ、彼らの威力であり、彼らの力の源でした。あの杖に力があったのではありません。神がモーセを通して働かれたのでした。モーセは、彼のすべての力を上から受けねばなりませんでした。彼が手を上げた時、イスラエルは勝利しました。彼が手を下げた時、アマレクが勝ちました。モーセが疲れてきた時、彼の疲れた手を天に向かって上げ続けるための備えが必要でした。アロンとフルはモーセのために座るものを用意し、次いで二人は、日の沈むまで、彼の疲れた両手を支えることに専念しました。このようにして彼らは、モーセが神からの言葉を受け、民に語るという厳しい働きをする間、彼を支える義務があることをイスラエルに示しました。この行動はまた、神のみが民の運命をそのみ手に握っておられ、神が彼らの承認された指導者であることを、イスラエルに示すためでした。「主はモーセに言われた。『このことを文書に書き記して記念とし、また、ヨシュアに読み聞かせよ。「わたしは、アマレクの記憶を天の下から完全にぬぐい去る」と。』モーセは……言った。『主は代々アマレクと戦われる』」(出エジプト一七の一四～一六)。「あなたたちがエジプトを出た時、旅路でアマレクがしたことを思い起こしなさい。彼は道であなたと出会い、あなたが疲れきっている時、あなたのしんがりにいた落伍者をすべて攻め滅ぼし、神を畏れることがなかった。あなたの神、主があなたに嗣業の土地として得させるために与えられる土地で、あなたの神、主が周囲のすべての敵からあなたを守って安らぎを与えられる時、忘れずに、アマレクの記憶を天の下からぬぐい去らねばならない」(申命記二五の一七～一九)。

神のみ使いが、イスラエルの子らの旅と経験におけるこれらの事実を提示なさった時、わたしは神の民に対する神の特別なご配慮に深く感動しました。その誤り、その不服従、その反逆にもかかわらず、彼らは依然として神の選びの民でした。神は、神の聖なる住まいからシナイ山頂に降りて来られ、威力と栄光と恐ろしい光景の中で、すべての民が聞こえるように十戒を語られ、それらをご自身の指で石の板の上に書かれることによって、彼らを特別に尊ばれました。主は、神の民イスラエルについて、次のように言われます。「あなたは、あなたの神、主の聖なる民である。あなたの神、主は地の面にいるすべての民の中からあなたを選び、ご自分の宝の民とされた。主が心引かれてあなたたちを選ばれたのは、あなたたちが他のどの民よりも数が多かったからではない。あなたたちは他のどの民よりも貧弱であった。ただ、あなたに対する主の愛のゆえに、あなたたちの先祖に誓われた誓いを守られたゆえに、主は力あるみ手をもってあなたたちを導き出……されたのである」（申命記七の六〜八）と。

神に従おうとし、真理への服従を通して自分の魂を清めようとしている人々は、神の選民であり、現代における神のイスラエルであることを、わたしは示されました。神は、ペトロを通して彼らについて次のように言われます。

「しかし、あなたがたは、選ばれた民、王の系統を引く祭司、聖なる国民、神のものとなった民です。それは、あなたがたを暗闇の中から驚くべき光の中へと招き入れてくださった方の力ある業を、あなたがたが広く伝えるためなのです」（Iペトロ二の九）と。イスラエルの子らを苦しめ、困惑させ、失望させるために、彼らが弱く疲れている時を利用することが、アマレクにとっての犯罪であったように、苦難に遭っている神の民の弱さ、ためらい、誤りや罪を見つけるためにじっと見張り、それらを彼らの敵に暴露することは、あなたにとって決して小さな罪ではありませんでした。あなたは、神の業ではなく、サタンの業を行っていたのです。＿＿＿にいる安息日を遵守しているアドベンチストたちの多くは、非常に弱い状態でした。彼らは、これまで真理の惨めな代理者たちでした。彼らは、現代の真理を担う神のみ業にとって、名誉となる存在ではありませんでした。神のみ業は、彼らがいない方がより良い状態であったことでしょう。あなたは、疑念と不信の立場をあなたが取る言い訳として、安息日遵守者たちの献身していない生活を引き合いに出してきました。これらの献身していない人たちの幾人かが、幻に対して強い信仰を公言していて、幻が反発されるとそれを擁護し、熱心に防衛しました。一方、それと同時に、彼らは非常な熱意を公言し、幻を通して与えられた教えを無視し、幻とはまったく反対の道を進むのを見たこともまた、あなたの不信を強めました。この点で彼らは、U兄弟にとっての躓《つまず》きの石でしたし、彼らの一連の行動によって、幻を悪評の中に運び入れたのでした。

V兄弟、あなたは高慢な心を持っていて、自分の記事がレビューの事務所で軽視されたと考えた時、高慢心が害され、その結果、否定できない権威に反抗したサウルがしたような戦いを始めたことを、わたしは示されました。あなたは、神の真理を偽りに変える人々と結託しました。あなたは、罪人たちの手を強め、あなたの魂に対する神の勧告に反抗してきました。あなたは何らの知識も持っていない者を敵として戦ってきたのです。あなたは、自分が何の業を行っているのかを、まったくわかっていませんでした。あなたの妻が、祈りのうちに神と争っているのを、わたしは示されました。彼女の信仰はあなたをしっかりとつかみ、同時に、玉座を見つめて、決して間違いのない神の約束に訴えました。あなたが真理との戦いを継続しているのを彼女が見た時、彼女の心は痛みました。あなたがサタンによって盲目にされて、何も知らずにこのことを行っているのをわたしは示されました。この戦いに従事している間、あなたは、霊性と神への献身において、成長していませんでした。あなたは、あなたの道が神を喜ばせているとの証を持っていませんでした。あなたは熱意は持っていましたが、それは知識によるものではありませんでした。あなたは、わたしの召命における経験がなく、わたしをほとんど見たこともなく、わたしの働きについての何の知識も持っていませんでした。

V兄弟、もしあなたの才能が、神のみ業の構築のためにささげられていたならば、あなたは、――――の教会、あるいは、他のどの教会においても、特別な奉仕者になれる資格を持っています。あなたの子どもたちは今、真理を認識できるようになる状況にあります。V兄弟、イエスがあなたのために、「もう少しの間、彼を容赦してください」と嘆願しておられるのを、わたしは示されました。もしあなたが真理に回心するならば、あなたは教会の柱となり、真理によって清められたあなたの影響によって神を崇めることができることを、わたしは示されました。

わたしは、憐れみの天使がV兄弟の周りを舞っているのを見ました。彼は道徳的価値観において、大いに欺かれており、本体から離れたあの一団の人々と共に神のみ前に立っているのをわたしは示されました。彼らの中には、数人の正直な人たちがいます。これらの人々は救い出されるでしょう。しかし彼らの大部分は、長い間心の中で献身しておらず、綿密な証が彼らにとっては束縛の軛《くびき》として道をふさいできました。彼らは、その軛をはずし、彼らの堕落したやり方を保ってきました。神は、彼らから離れるようにと、あなたに呼びかけておられます。神の真理に対して戦うことが喜びであるようなこれらの人々から離れなさい。これからわずかすれば、真の性格が明らかになります。彼らは、偽りを愛し、偽りを作る、あの一団に属する人たちです。

もしあなたの関心のすべてを、真理とこの時代のための備えの働きに置くならば、あなたは真理によって清められ、永遠の命にふさわしいものとされるでしょう。あなたは、あなたの子どもたちに対してあまりにも厳格すぎる危険にあり、必要とされるほどの忍耐を持っていません。十全な備えの働きは、真理を公言するすべての人々と一緒に進行しなければなりません。こうして最後にわたしたちは、欠陥やしみやしわや、そのたぐいのものは何一つない者として神の玉座の前に立つのです。もしあなたが清めの道に委ねるならば、神は、あなたを清めてくださいます。

教会への証　第十六（一八六八年）

第1章　個人的証の目的

親愛なる兄弟姉妹たちへ　主はご自身を再びわたしに現されました。一八六八年六月一二日、ミシガン州バトルクリークの礼拝の家で兄弟たちに話している間に、神のみ霊がわたしに臨み、その瞬間に、わたしは幻の中にいました。その光景は広大でした。わたしは既に『霊的な賜物』第五巻を書き始めていましたが、あなたがたが直ちに手にすべき実践的な性質の証をわたしは受けていたので、この小冊子を用意するために先の執筆から離れました。

このたびの幻の中で、個人的な証を出版するわたしの行為が、まったく正当であることが示されました。主が特定の個人の事例を取り上げ、彼らの悪事を特定なさるとき、幻の中で示されなかった人々は、当然彼らは正しいか、正しいのだとしばしば思っています。もしひとりの人がある特定の悪事に対して譴責《けんせき》されるとき、兄弟姉妹たちは自分たちがどこかで失敗してこなかったか、自分たちがどこかで同じ罪を犯してこなかったかを見つけるために、自分たち自身を注意深く吟味すべきです。彼らは、謙虚に告白する精神を持たねばなりません。他の人々が彼らは正しいと考えるからといって、それで彼らが正しくなるわけではありません。神は人の心をごらんになります。神は、この方法で魂を吟味し、立証なさいます。ひとりの人の悪事を譴責なさることによって、神は多くの人々を矯正しようと計画しておられるのです。しかしもし彼らが、その譴責を自分自身のものとして受けとめず、神が彼らの誤りを特に指摘なさらないという理由で、神は彼らの誤りを見過ごしておられるのだと自分勝手に考えるならば、彼らは魂を偽っているのであって、暗闇の中に閉じ込められ、彼ら自身の心の想像に従う、彼らだけの道に取り残されるでしょう。

多くの人々は自分自身の魂に誤った対応をし、神のみ前における自分たちの真の状態に関して大きな欺瞞の中にいます。神は、ご自身の目的に最も役立ち、神に従うと公言している人々の心の中にあるものを立証できる方法や手段を講じられます。神は、他の人々がそれによって警告され、恐れを抱き、その誤ちを努めて避けることができるように、ある人たちの悪事を明らかになさるのです。自己を吟味することによって、彼らは、神が他の人々を断罪なさっているのと同じ事柄を自分が行っていることに気づくかもしれません。もし彼らが本当に神に仕えたいと願い、神に罪を犯すことを恐れるならば、彼らは、罪を告白し、謙虚な悔い改めをもって主に立ち返る前に、彼らの罪が詳述されるのを待ちはしないでしょう。彼らは、他の人々に与えられた光に従って、神がお嫌いになる事柄を捨てるでしょう。これとは反対に、もし正しくない人々が、他の人々が譴責されたものと同じ罪を犯していることがわかっていながら、自分たちの名前が特別に述べられなかったという理由で、同じ清くない道を歩み続けるならば、彼らは自分自身の魂を危険にさらすことになり、サタンの意のままに捕らえられるでしょう。

第2章　バトルクリークへの移転

一八六八年六月一二日にわたしに与えられた幻の中で、もし適切な努力がなされるならば、真理の知識に魂を導く業において大きな働きが実現されることを、わたしは示されました。すべての町、都市、村には、真理が賢明な方法でもたらされるならば、それを受け入れる人々が存在しているのです。伝道者がわたしたちの中から出てくる必要があります。偉大な模範者であるお方のように、自分を喜ばせるためではなく、他の人々に善をなすために生きる、自己を犠牲にする伝道者たちが必要です。

一つの民としてわたしたちは不完全であることが、わたしに示されました。わたしたちの働きは、わたしたちの信仰と一致していません。わたしたちの信仰は、人類にこれまでに与えられた最も厳粛で重要なメッセージが宣布される時代にわたしたちが生きていることを証しています。しかし、この事実を十分に理解していながら、わたしたちの努力、熱意、自己犠牲の精神は、この事業の性格と同等であるとは思われません。わたしたちは、死んだ状態から目覚めるべきです。そうすれば、キリストはわたしたちに命を与えてくださいます。

わたしたちの兄弟姉妹の多くに、バトルクリークに居住する傾向が多く見られます。たくさんの家族があらゆる方面からこの場所に住むため既にやってきましたし、さらに多くの家族が、そのように計画しています。バトルクリークにやってきたある人たちは、移動前の小さな教会で役員をしていました。彼らの助けと力が、そこでは必要とされていたのでした。このような人たちがバトルクリークに到着し、そこにいる多くの安息日遵守者たちに会うと、彼らは自分たちの証が必要とされていないとしばしば感じ、才能が埋められていくのです。

ある人々は、バトルクリークが宗教的な特権を与えるので、そこを選びましたが、数か月そこに滞在するうちに、自分たちの霊性が減少していることを不思議に思うのです。これは原因のないことなのでしょうか。多くの人々の目的は、経済的に優位に立つこと——より大きな利益を生む商売に従事すること——でした。この点における期待はかなえられるかもしれませんが、その一方で彼らは、魂の欠乏を感じ、霊的な事柄における成長が妨げられるようになります。彼らは、自分たちがその場所にそぐわないだろうと考えているので、特別な重荷を負いません。彼らは、こんなに大きな教会の、どの場所で働けばよいかわからないのです。従って彼らは、主のぶどう園において怠け者となるのです。この過程を通るすべての人々は、教会の働きの重荷を担っている人々の働きを増やすだけです。彼らは多くのうっとうしい重荷のようになっています。バトルクリークには、急速に枯れた枝になっていく多くの人々がいるのです。

これまで働き人であり、現代の真理の神のみ業の中で経験したことのある人々がバトルクリークへ移転し、彼らの重荷を降ろします。彼らは二倍の精力、注意深さ、祈り、忠実な義務の遂行の必要を感じないで、ほとんど何もしないのです。事務所において担うべき重荷があり、別の務めをする時間のない人々が、教会における責任ある地位を満たすことを余儀なくされ、他の人々がその重荷を負おうとしないので、もし自分たちがしなければ、そのまま残されてしまう重要な働きをさせられているのです。

神の栄光の幻を持ち、移転したいと願っており、なおかつ他の人々に善をなし、キリストがご自身の尊い命を惜しまなかった魂を救うために、自分に個人的な責任が課せられていると感じている兄弟たちは、わずかな光しかなく、もしくはまったく光のない町や村に移転すべきです。彼らはその場所において、真の奉仕者となり、彼らの働きと経験によって他の人々を祝福することができます。町々や村々に入って真理の旗を掲げるために、伝道者たちが求められています。神が、国中のあらゆる所に散在しているご自身の証人を持つことができるように。真理の光が、いまだ到達していない場所に浸透することができるように。そしてそれによって、真理の旗が、いまだ知られていない場所に掲げられるように。兄弟たちは自分たちにとって快適であるという理由で、群れをなすべきではなく、他の人々に善を行い、少なくとも一人の魂の救いに役立つという高邁《こうまい》な召命を果たすことを求めるべきです。しかも、救われ得るのは一人よりも多いかもしれません。

この働きの唯一の目的が、単に天におけるわたしたちの報いを増やすためであってはなりません。この点においてある人たちは利己的です。キリストがわたしたちのために何をしてくださったか、彼が罪人らのためにどのような苦難に遭われたかを考えると、わたしたちは、清廉で私心のない魂への愛から、人々の益のためにわたしたち自身の楽しみや便宜を犠牲にすることで、神の模範に真似なければなりません。キリストのすべての苦難の中で彼を支えたキリストの前に置かれた喜びは、哀れな罪人たちの救いでした。これこそが、わたしたちの喜びであり、主のみ業におけるわたしたちの願望の推進力とならねばなりません。こうすることによってわたしたちは、神に喜んでいただき、神の僕として神に対するわたしたちの愛と献身とを表明するのです。神がまずわたしたちを愛してくださり、神の最愛のみ子がわたしたちのもとに来られるのを引き止めることなく、それどころかわたしたちが命を得るために死ぬようにと、み子を神のみ腕から手放されたのです。わたしたちの隣人に対する真の愛は、神に対する愛を証拠立てるのです。わたしたちは高邁な信仰を告白するかもしれませんが、この愛がなければその告白は何の役にも立ちません。わたしたちの信仰は、焼かれるためにわたしたちの体を与えることさえするように導くかもしれませんが、イエスのみ旨の中に生き、イエスの生涯に例証されたような自己犠牲の愛がなければ、わたしたちは騒がしいどら、やかましいシンバルのようなものなのです。

バトルクリークへ移転することによって、霊的な力を受ける家族もあります。バトルクリークは、他の人々にとってはそこにいるべきではない場所なのです。ある人々にとっては、助けを与えてくれる場所なのですが、A兄姉はこの場所に移転することによって利益を得た人々の一例です。主が、この道を進むように彼らを導かれました。バトルクリークは、まさに彼らに益を与える場所であり、家族全体にとっての祝福となりました。ここに来ることによって彼らは、真理の舞台の上に彼らの足でしっかりと立つ力を得ました。もし彼らが謙虚に服従する歩みを続けるならば、彼らは、バトルクリークで受けてきた助けを喜ぶことができるでしょう。

第3章　牧師たちへの警告

一八六八年六月一二日に与えられた幻の中で、わたしは、人の子の来臨に対して民を備えるために大きな働きがなされなければならないことを、深く印象づけられました。収穫は大きいが、働き人が少ないことを、わたしは示されました。現在伝道地にいて救霊のために働いている人たちの多くは虚弱です。彼らは大きな重荷を負い、それが彼らを試み、疲れさせてきました。しかし、わたしたちの牧師の中には、実際には必要のないところで力を消耗させている人がいることを、わたしは示されました。ある牧師たちは、あまりにも長時間大声で祈るので、その虚弱な力を消耗し、活力を浪費しています。他の牧師たちはしばしば説教を、適当な長さよりも三分の一、あるいは、二分の一長くしています。このようにすることで、彼らは疲れ果ててしまい、説教が終わる前に民の興味は減少し、多くは失われます。興味を持ち続けることができないからです。半分しか語らなかった方が、それ以上語るよりもよかったことでしょう。すべての事柄が重要であるかもしれませんが、もし祈ることと話すことが短ければ、成功はより大きくなるでしょう。大きな疲労なしに、目的は達せられるでしょう。牧師たちは、彼らの力と精力を無駄に使い果たしていますが、神のみ業にとっては、それらを保持しておくことが必要なのです。人を疲労させ、壊すのは、疲労の限界を越えてなされる集会の延長です。

親愛なるスペリィ兄弟の命を消耗させ、彼を若くして墓に下らせたのは、身体組織を疲労困憊させたこの余分な働きであったことを、わたしは示されました。もし彼が健康に留意して働いていたならば、今も生きていたかもしれません。わたしたちの親愛なるクランソン兄弟の生命力を消耗させ、彼の有用な命を絶やさせる原因となったものも、この余分な働きでした。

多く歌うことも、長い祈りや話と同様に、極度に疲労させます。ほとんどの場合、わたしたちの牧師たちは、集会を一時間以上続けるべきではありません。彼らは、前置きは止めて直ちに主題に入り、関心が最も大きい間に話を終えるよう研究すべきです。牧師たちは、聴衆たちが話を終えてほしいと願うまで集会を続けるべきではありません。この余分な話の多くは、民にとっては損失です。彼らはしばしばあまりにも疲れ過ぎているので、聞いている内容から益を受けられないのです。このようにして働く牧師たちによってこうむった損失がどれほどあるのか、誰にもわかりません。結局、活力のもとになされるこの説教によって得られるものは何もないのです。

集会が延長されるときには、しばしば精力は消耗させられています。多くのものが得られるか、あるいは失われるかというまさにその時、関心を抱き、働く意志のある献身的なキリストの牧師は、力を意のままに用いることができないのです。歌うことによって、長々と続く祈りと説教によって、彼は精力を使い果たしてしまい、その結果、適切な時に熱心な働きをうまく進められないために、勝利は失われるのです。こうして絶好の機会が失われます。つくられた印象は、その後でさらにつけ加えられることはありません。何の関心も喚起されなかった方が良かったでしょう。なぜなら、説得が一旦拒否され失われると、真理を再び心に印象づけることは非常に難しいからです。

もしわたしたちの牧師たちが、精力を不必要に消耗せず、温存するように注意するならば、彼らの賢明でよく計画された働きは、非常に疲労困憊させる長い話や祈りや歌うことによって実現され得るよりも、多くのことを一年で成し遂げるでしょう。後者の場合、民は適切な時に学力を発揮することができません。なぜなら、働き人たちには休息が必要であり、もしこの集会を継続するならば、健康と生命を危険にさらすことになるからです。

わたしたちの親愛なるマテソン兄弟とD・T・ボーデュー兄弟は、この点において過ちを犯してきました。彼らは働き方を改革しなければなりません。彼らは、話を短くし、祈りを短くすべきです。彼らは直ちに要点に入り、彼らの働きにおいて極度の疲労に陥ることのないようにしなければなりません。これをすることによって彼らは二人とも、より多くの善を成し遂げることができ、同時に、完全に倒れてしまうことなく彼らが愛しているこの働きを続けられるよう力を維持することができるのです。

第4章　イエスを見よ

一八六八年六月一二日にわたしに与えられた幻の中で、神の民がホワイト兄姉を見て、自分たちの重荷を携えて二人のもとに行き、彼らの勧告を求めなければならないと考える危険性を、わたしは示されました。これは、そのようであってはならないのです。彼らは、重荷を負って疲れているとき、慈愛に満ちた愛する救い主のもとに来るようにと招かれており、救い主は彼らを解放してくださいます。救い主のうちに彼らは安息を見いだすでしょう。彼らの難問や試練をイエスのもとに携え行くことによって、彼らは、これらの事柄に関する約束が実現するのを見るでしょう。大きな苦難の中で、彼らはイエスの中にのみ見いだされる安全を感じ、彼らにとって最高の価値がある経験を得ます。ホワイト兄姉は、人生の清めを求めて懸命に努め、神聖の実を生じさせようと骨折っていますが、彼らも誤ちのある人間に過ぎません。多くの人々は質問を抱えてわたしたちのもとにやって来ます。「わたしはこれをしましょうか」「わたしはあの企画に従事しましょうか」。あるいは、衣服に関して、「わたしはこれを着ましょうか。それとも、あれにしましょうか」と。わたしは彼らに答えます。「あなたはキリストの弟子だと公言しています。あなたは聖書を学びなさい。わたしたちの愛する救い主が、地上で人々の間に住んでおられた時の生活を、注意深く祈りながら読みなさい。彼の生活を真似しなさい。そうすればあなたは、狭い道から逸れてさまようことはないでしょう。わたしたちは、あなたのための良心になることを強く拒みます。もしわたしたちが、ただこれをしなさい、と言えば、あなたはイエスのもとに直接行かないで、導いてもらおうとしてわたしたちを見つめるでしょう。そうすれば、あなたの経験はわたしたちに基づくものとなってしまいます。あなた自身のために、あなたは神に基づいた経験を持たなければなりません。そのときあなたは、終わりの時代の危機の只中に立つことができ、清められます。不死の命の仕上げの業を受ける備えとなる、品性から汚れが取り除かれるためにすべての聖なる者たちが通過しなければならない苦難の火によって焼き尽くされることはありません」

わたしたちの親愛なる兄弟姉妹たちの多くは、ホワイト兄姉が出席しなければ大集会を持つことはできないと考えています。多くの場所で彼らは、真理の働きと神のみ業において、より熱意のある決定的な行動に向かって民を動かすために、何かがなされなければならないと気づいています。彼らには、彼らの中で働く牧師たちがいましたが、彼らはより大きな働きがなされなければならないことに気づいて、それをホワイト兄姉にしてもらおうと期待しているのです。これは、神のやり方ではないことを、わたしは示されました。何よりもまず、わたしたちの牧師の中には欠陥がある人たちがいます。彼らは徹底した行動に欠けています。彼らは、この働きの重荷を取り上げず、信徒が助けを必要としているまさにその場所で、持ち上げるために手を伸ばしていないのです。彼らは、信徒がまさにどの点で矯正され、譴責され、養育され、強化される必要があるかを感じる識別力を持っていないのです。彼らのある者たちは、一つの場所で幾週も幾月も働きます。それでいて、実は彼らが働きを開始したときよりも去るときの方が、やらなければならない事柄が多く存在しているのです。組織的献金計画は停滞しています。この分野の働きを育てることは、牧師の働きの一部です。しかし、この働きは楽しいものではないので、ある牧師たちは彼らの義務を怠っています。彼らは、神の言葉から真理を語りますが、服従の必要性を信徒に印象づけていません。従って多くの人々は、聞くだけで実行しないのです。信徒は欠陥を感じています。彼らの間で物事が整理されていません。それで彼らはこの欠陥を正すためにホワイト兄姉に期待しているのです。

牧師をしている兄弟の中には、働きの奥深くに入って信徒の心をしっかりとつかむことなしに、表面を滑るように進んでいた人たちがいます。彼らは、ホワイト兄姉が、彼らの欠けている事柄を示してくれるだろう、兄姉はこの働きにふさわしいのだからと考え、それを言い訳としてきました。これらの人々は確かに働いてきましたが、その働きは正しい方法でなされませんでした。彼らは、重荷を担ってこなかったのです。彼らは、助けが必要とされている所で助けてきませんでした。彼らは、矯正する必要がある欠陥を矯正してきませんでした。彼らは信徒の欠乏の中に、全身全霊、全精力を投入しませんでした。時間は経過しましたが、彼らはそれに対して示すものが何一つありませんでした。彼らの欠陥の重荷は、わたしたちの上に投げかけられました。さらに、牧師たちは、わたしたちの特別な証がなければ他の何者もこの働きを成し遂げられないという考えを提示して、信徒にわたしたちに頼るようにと勧めました。神はこのことをお喜びになりません。牧師たちは、より大きな責任を負うべきであって、信徒が助けを必要としているところで彼らを助けるメッセージを担うことができないという考えを抱いてはなりません。もし彼らがこれをすることができなければ、彼らは上からの力を受けるまでは、エルサレムにとどまるべきです。彼らは、彼らが遂行できない働きに従事すべきではありません。彼らは、貴重な種を携えて、涙を流しながら出て行き、収穫の束を抱えて、喜びながら集会から帰るべきです。

牧師たちは、信徒の上に個人的な努力の必要性を印象づけるべきです。教会員が働き人でない限り、いかなる教会も成長することはできません。牧師たちが高く掲げるところを、教会員は高く掲げなければなりません。どこにある教会でも、教会員たちが、自分たちの上に責任が置かれていると感じるように喚起されない限り、永続する事柄は何一つ成し遂げられないことを、わたしは示されました。魂の救いは、その人自身の個人的な努力にかかっていると、体のすべての部分は感じるべきです。魂は、努力なしに救われることはできません。牧師は、信徒を救うことはできません。牧師は、神が神の民に光を与えられる通路となることはできますが、その光が与えられた後に、それを自分のものとし、次にそれを他の人々に輝かすことは、その信徒に任されているのです。信徒は、自分自身の魂を救うためばかりではなく、暗闇の中にとどまっている人々の救いに熱心に従事する個人的な責任が、自分たちに置かれていると感じなければなりません。彼らを暗闇から助け出すために、ホワイト兄姉に期待する代わりに、その人たちを助ける働きに彼らが熱心に従事すべきです。もし彼らが自分たちよりも悪い状態にある人々を探し求め、彼らを助けようとし始めるならば、彼らは他のいかなる方法よりも早くこの光の中にその人たちを導き入れる助けとなるでしょう。もし信徒がホワイト兄姉に寄りすがり、彼らを信頼するならば、神は彼らをあなたがたの間で低くなさるか、あるいは、彼らをあなたがたから取り除かれるでしょう。あなたは、神を見なければなりませんし、神に信頼しなければなりません。神に寄りすがりなさい。そうすれば神は決してあなたを見捨てられません。神は、決してあなたを滅びるままに放置なさいません。神の言葉は尊いものです。「あなたたちは聖書の中に永遠の命があると考えて、聖書を研究している」（ヨハネ五の三九）。これらは、キリストのお言葉です。注意深く祈りながら研究され、実践された霊感の言葉は、あらゆる善い業であなたを完全に装備するでしょう。牧師も信徒も神を見なければなりません。

わたしたちは悪の時代に住んでいます。終わりの時代の危機がわたしたちの周りに濃くなっています。邪悪が増すので、多くの人々の愛が次第に冷たくなります。エノクは、神と共に三百年歩きました。今は、時が迫っていることが義を求める動機として主張されているようです。わたしたちに正しい行いをさせるために、神の日の恐ろしさが掲げられる必要があるのでしょうか。エノクの実例があります。幾百年もの間、彼は神と共に歩きました。彼は、道徳的退廃が周囲に満ちていた堕落した時代に生きていました。しかし彼は、彼の思いを献身するように、潔白さを愛するように訓練しました。彼の会話は天の事柄に関するものでした。彼の思いがこの道筋に沿うようにと自らを教育し、その結果、彼には神の証印が押されたのでした。彼の顔は、イエスのみ顔に輝いている光で照らされていました。エノクはわたしたちと同じような誘惑に遭いました。彼は、わたしたちの社会と同様、義とは相反する社会に囲まれていました。彼が吸っていた大気は、わたしたちのものと同じように、罪と邪悪に汚染されていました。しかし彼は、清い人生を送りました。彼は、彼が生きていた時代に広がっていた罪によって汚されませんでした。わたしたちも同じように、清く、汚れないままでいられるのです。彼は、終わりの時代の危機と邪悪の只中で生きている聖なる者たちの代表でした。神に対する忠実な服従のゆえに、彼は天に移されました。それと同じように、生きてとどまっている忠実な者たちも天に移されるでしょう。彼らは、罪に満ちた邪悪な世界から天にある清い喜びの国へと移されるでしょう。

神の民の歩みは、上に向かうものであり、勝利に向かって進行するものであるはずです。ヨシュアより偉大なお方が、イスラエルの軍勢を導いておられるからです。わたしたちの真中におられるお方、わたしたちの救いの大いなる指揮官は、わたしたちを励ますために、次のように言われました。「わたしは世の終わりまで、いつもあなたがたと共にいる」（マタイ二八の二〇）。「勇気を出しなさい。わたしは既に世に勝っている」（ヨハネ一六の三三）と。彼は、わたしたちを確実な勝利へと導かれます。神が約束されることを、神はいつでも成し遂げることがおできになります。さらに、神が神の民にするようにとお与えになった働きは、神は彼らによって成し遂げることがおできになるのです。もしわたしたちが完全な服従の生活を送るならば、神の約束はわたしたちのために成就するでしょう。

神は、神の民が世にある光として輝くように求めておられます。これを求められているのは、牧師たちだけではなく、キリストのすべての弟子たちです。彼らの会話は、天に関するものであるべきです。さらに、神との交わりを喜ぶ一方で、彼らは、心に活力を与える神の愛を、彼らの言葉と行いによって表明するために、隣人たちと交際したいと願うでしょう。このようにすることによって、彼らは世の光となり、彼らを通して伝えられた光は、消えることも、また、取り去られることもないでしょう。それは、光の中に歩もうとしない人々にとっては実際に暗闇となるでしょう。しかしそれは、服従して光の中を歩む人々には、彼らの途上を増しゆく明るさで輝かすものとなるでしょう。

神の霊と知恵と愛は、神の言葉の中に啓示されていて、キリストの弟子たちによって例示されるべきです。このようにして世の罪が示されるのです。神は、与えられた恵みと真理に基づいて、神の民に要求なさいます。神のすべての善なる要求は、ことごとく満たされなければなりません。責任のある者たちは、彼らを照らしている光の中を歩かなければなりません。もし彼らがそうしなければ、彼らの光は闇となり、彼らの闇は、彼らの豊富な光の量と同じ割合で大きくなります。蓄積された光が、神の民を照らしてきました。しかし多くの人々は、その光に従うことを怠ってきました。これが原因で彼らは、霊的に非常に弱い状況の中にいるのです。

神の民が今滅びつつあるのは、知識が欠如しているからではありません。彼らが道と真理と生命とを知らないという理由で、彼らが有罪と判決されるのではありません。彼らが理解した真理、彼らの魂を照らしてきた光が、疎かにされたり、拒否されてきたので、彼らは有罪と判決されるのです。拒否する光を一度も受けてこなかった人々は、有罪の判決は受けません。神のぶどう園のために、これまでになされてきたこと以上の、何ができたでしょうか。光、尊い光が、神の民を照らしています。しかし、彼らがその光によって救われることに同意し、その光を完全に実践し、暗闇の中にいる他の人々にその光を伝えない限り、光は彼らを救いません。神は、神の民を、行動するようにと招いておられます。必要とされていることは、各自が個人的に罪を告白し、罪を捨て、主のみもとに立ち返ることです。人はこの働きを、他の人に代わってすることはできません。宗教的知識は蓄えられました。このことは、それに呼応する義務を増大させました。大きな光が教会を照らしてきましたが、その光によって彼らは有罪とされます。なぜなら、彼らがその光の中を歩くことを拒んでいるからです。もし盲人であったなら、彼らに罪はなかったでしょう。しかし彼らは光を見てきましたし、真理を多く聞いてきましたが、賢くも清くもありません。多くの人々は長年の間、知識と真の清めにおいて、何ら成長してきませんでした。彼らは、霊的な小人たちです。完全を目指して進む代わりに、彼らはエジプトの暗闇と束縛のもとに逆戻りしています。彼らの思いは、敬虔と真の清めに向けられて訓練されてはいません。

神のイスラエルは目を覚ますでしょうか。敬虔を公言するすべての人々は、すべての悪事を捨てようと努め、すべての隠れた罪を神に告白しようと、神のみ前に魂を悩ますでしょうか。彼らは、大いにへりくだり、すべての行為の動機を探り、神がすべてを把握され、すべての秘め事を探り出されることを知るでしょうか。働きを徹底的になし、すべてを神にささげましょう。神は、わたしたちの持ち物とわたしたち自身のすべてを、ことごとくささげるように求めておられます。牧師も信徒も皆新たな回心、心の変化を必要としていて、これを経験しなければ、わたしたちは、命から命へ至る香りではなく、死から死に至る香りとなります。

大いなる特権が神の民にはあります。キリスト・イエスにある高邁な召命に到達できるように、大いなる光が彼らに与えられてきました。しかし彼らは、神が彼らになってほしいと望まれ、そうなるようにと神が計画しておられるものに、なってはいません。

第5章　世からの分離

親愛なる兄弟姉妹たちへ　神は、教会の光が増大し、ますます明るさを増し、遂には真昼の明るさになるようにと計画なさいました。多くの尊い約束が、服従を条件に、神の民になされています。カレブとヨシュアのように、もしあなたがたが主に完全に従っていたならば、神はあなたがたの真中で力を拡大しておられたことでしょう。あなたがたの影響力によって、罪人たちは回心に導かれ、背信者たちは呼び戻されたでしょう。わたしたちの信仰の敵でさえ、真理に反対し、真理に逆らって話すかもしれませんが、神があなたがたと共におられることを認めざるを得なかったはずです。

神のものとなった民だと公言している人々の多くは、世とあまりに一つとなっているので、彼らが神のものとなった特異な特徴が見分けられず、その結果、「正しい人と神に逆らう人、神に仕える者と仕えない者との区別」（マラキ三の一八）をすることが難しいのです。もし彼らが世から出てきて、離れているならば、神は神の民のために大いなることをなさるでしょう。もし彼らが神に導かれるべく従うならば、神は彼らを全地における賛美の的となさるでしょう。「誠実な証人」（黙示録一の四、五、三の一四）であるお方が言われます。「わたしはあなたの行いを知っている」（黙示録三の一五）と。救いの世継ぎとなる人々に仕えている神の天使たちは、すべての者の状態を知っており、各自がどの程度の信仰を持っているかを理解しています。神の民だと公言している人々の心に存在してきた不信、思い上がり、貪欲、世への愛は、罪のない天使たちを悲しませてきました。彼らは、キリストの弟子だと公言する多くの者たちの心の中に、悲しむべき不遜な罪が存在していること、また、彼らの矛盾し、ゆがんだ歩みによって神が辱められてきたことを示されたことで、悲しくなったのでした。しかも最も欠陥のある者たち、教会の中で最大の弱さを生じさせ、教会の聖なる告白に汚点をもたらす者たちが、警告も、罪の指摘もされず、かえって、自分たちは主にあって栄えていると感じているようなのです。

多くの人々が、自分たちは正しい土台の上にいて、真理を持っていると信じています。彼らは真理の明確さを喜び、わたしたちの立場の正しさを証明する強力な理論を誇っています。このような人々は、自分たちが神によって選ばれ、神のものとなった特異な民の中にいると自認しています。しかし、彼らは、誘惑と愚かさへの屈状から彼らを救われる神の臨在と力を経験していません。これらの人々は、神を知っていると公言しますが、その行いによって神を否定しているのです。彼らの暗闇はなんと深刻であることでしょう。多くの人々と共にあるこの世への愛、他の人々と共有する富の欺きが、言葉にぎっしりと詰まっており、その結果、彼らは実のならない者となりました。

　わたしは、――――にある教会が、世の精神を受け入れ、驚くほどなまぬるい状態になったことを示されました。教会の中を整然と整え、信徒を神が彼らに求めておられる立場につけるよう導くための努力がなされるとき、一団の人々は、その働きによって影響されて、暗闇から光へと押し進む熱心な努力をするでしょう。しかし多くの人々は、真理の清めの影響力を彼らの心や生活で実感できるほど、努力を貫きません。自己探索や密室の祈りが疎かになるほど、世の関心事が思いを占めています。武具が取り外され、サタンは彼らに自由に近づき、彼らの敏感さを鈍らせ、サタンの策略を警戒しないようにさせます。

　ある人々は、自分の真の状態を知り、サタンの罠《わな》から逃れたいという願いを表明していません。彼らは病んでいて死にかけています。彼らは、時たま他の人々の火によって温められますが、形式主義、自尊心、世の影響などによってほとんど凍りついているので、自分たちに助けが必要であることをまったく感じていないのです。

　霊性とクリスチャンの美徳に欠けている人々が大勢います。わたしたちが住んでいる危険な時代と、わたしたちの周りに満ちている邪悪な影響力を見るとき、厳粛な責任の重みが日ごとに彼らの上にのしかかっているはずです。神の本性にあずからせていただくための唯一の希望は、世にある邪悪から逃れることです。これらの兄弟は、神の事柄に関して深く十分な経験を必要としています。そしてこれは、彼らの側においてなされる努力によってのみ得ることができるものなのです。彼らの立場は、熱心さと衰えない勤勉さを持つようにと彼らに要求しています。その持ち場で眠ることがないためです。サタンと彼の使いたちは決して眠りません。

　キリストの弟子たちは、義の器、熟練者、生きている石、放射している光であるべきです。それによって天使たちの存在が促されるからです。彼らは、言ってみれば、真理と義の霊がその中を流れる水路となるように求められているのです。多くの人々は、世の精神と影響力に大部分あずかってきたので、彼らは世の人と同じように行動しています。彼らは好き嫌いがあるので、品性のすばらしさを認識できません。彼らの行為は、キリスト教の純粋な原則によって支配されていません。従って彼らは、他の人々を無視して、自分自身のこと、自分たちの楽しみや娯楽だけを考えているのです。彼らは、真理によって清められていません。それゆえに、世界中のキリストの弟子たちとの一体感を実感していません。神に最も愛されている人々とは、自己を少しも過信せず、柔和で冷静な精神を身につけている人々です。彼らの生活は純粋で私心がなく、彼らの心は、キリストのみ霊に満ちあふれているので、おのずと服従、正義、純潔、真の清さに向けられているのです。

もしすべてが神にささげられておれば、尊い光が彼らから輝き出て、彼らと接するすべての人々に直接的な感化を与えるでしょう。しかしすべての人々は、働きかけられる必要があります。ある人たちは、神から遠く離れていて、水のように変わりやすく安定していません。彼らには、犠牲心など微塵もありません。彼らが何かぜいたく品、または、娯楽、あるいは、衣服が欲しいとき、彼らは、その品物がなくても、あるいは、その娯楽をしなくても済ませることができるかどうかを考えて、神への自由献金をしようとは思いません。自分たちはいくらか犠牲を払うように要求されているのだ、と幾人が考えたでしょうか。それは、多くを所有している金持ちがささげるものよりも価値が少ないかもしれませんが、本当に自己否定を要するものこそ、尊い犠牲であり、神への献げ物となるのです。それは良い匂いがする香りであり、薫香のように彼の祭壇から上っていきます。

若者には、神のご要求にかまわずに、彼らの資金を意のままに用いてもよい、という権限が与えられてはいません。ダビデと共に彼らは次のように言うべきです。「無償で得た焼き尽くす献げ物をわたしの神、主にささげることはできない」(サムエル下二四の二四)。かなり多くの資金が彼らの絵の写しを増やすために支出されてきました。この目的のために画家に支払われた額をすべて数えていけば、かなりの額に膨れ上がるでしょう。そしてこれは、そこから何の利益も受けられない自己満足のために、資金が浪費され、投資される一つの方法に過ぎないのです。この出費によって、彼らは着たり、あるいは食べたりするわけではありません。寡婦や孤児たちにも救済されず、飢えた者は食べられず、裸の者は着せてもらえないのです。

金銭は、自己満足のためには惜しみなく使われる一方で、出し惜しまれた献金は、いやいやながらといってもいい態度で神のもとに持って来られます。若者が働いて得た賃金のどれほどが、救霊の働きの進展を助けるために、神の金庫に納められるでしょうか。彼らは毎週小銭をささげ、それで多くのことをしていると感じています。しかし彼らは、富める者が彼らの大きな財産に対してそうであるのと同じように、彼らのわずかな持ち物に対して、神の管理人であるという意識をまったく持っていません。神のものが盗まれていましたが、神が、彼らが神の持ち物をいかに用いたかについて綿密な調査をなさることについては頭にありませんでした。自分自身のことは好きなだけ行い、自分の快楽を念頭に置き、自分の好みを満足させてきました。このように、自分たちが考えるところの「必要」はためらわずに満たす一方で、彼らがしなければならない神への献げ物を差し控えているのです。神は、献げ物から神のものを意図的に盗んだアナニアとサフィラの献げ物を受け入れられなかったのと同じように、彼らが神の金庫に納めるわずかな量を受け入れられません。

概して、わたしたちの間にいる若者たちは、世と結びついています。内的な敵に対する特別な戦いを継続している者はわずかしかおらず、神のご意志を知り、実行したいと熱心に願っている者もわずかしかいません。義を求めて飢え渇いている者、戒めたり、慰めたりなさる神のみ霊のことについて何らかのことを知っている者もわずかしかいません。宣教師たちはどこにいるのでしょうか。自己を否定し、自己を犠牲にする者たちはどこにいるのでしょうか。十字架を背負う者たちはどこにいるのでしょうか。自我と自己本位の精神が、高邁で高貴な原則を呑み込んでしまいました。永遠の事物は、心の中に特別な重みを与えていません。神は、全的献身をする段階にまで上ってくるようにと、彼らに個人的に要求しておられるのです。「あなたがたは、神と富とに仕えることはできない」（マタイ六の二四）。あなたは、自己に仕えると同時に、キリストの僕となることはできません。あなたは、自我に死に、快楽を愛するあなたに死なねばなりません。そして、「この資金を用いようとわたしが意図しているこの物を、神は喜ばれるだろうか。わたしは神の栄光をたたえるだろうか」と尋ねるように学ばなければなりません。

わたしたちは、食べるにも、飲むにも、また何事をするるにも、すべて神の栄光のためにするようにと命じられています。幾人の人が、衝動によらず原則によって良心的に行動し、文字通りこの命令に従ってきたでしょうか。――にいる若い弟子たちのうち、幾人が、神を彼らの信頼する定めとし、神のご意志を知り、それを実行しようと熱心に求めてきたでしょうか。名目上はキリストの僕ですが、行為においてはそうではない人が大勢います。宗教的原則が支配しているところでは、大きな誤りが犯される危険性は少ないです。なぜなら、常に人を盲目にし欺く自己中心性が、下位に置かれているからです。他の人々に善をなそうとする真実な願望が圧倒的に支配していれば、自我は忘れられます。堅固な宗教的原則を持つことは、測り知れない宝です。それは、人間が所有することができる最も純粋で、気高く、高尚な影響力です。このような人は、錨《いかり》を持っています。その影響が他の人に害を及ぼし、キリストから引き離すことがないように、すべての行動がよく考慮されます。心の中で絶えずこのような思いがあります。「主よ、あなたに最善にお仕えし、地にあなたのみ名の栄光を現すために、わたしはどうすればよいでしょうか。あなたのみ名が地上でほめたたえられ、他の人々があなたを愛し、あなたに仕え、あなたを崇めるように導くために、わたしはどのように行動すればよいのでしょうか。わたしに、ただあなただけを求めさせ、あなたのご意志だけを選ばせてください。わたしの贖い主のお言葉と模範が、わたしの心の光と力になるようにしてください。わたしが、主に従い信頼している間、彼はわたしを滅びるままになさいません。主は、わたしの喜びの冠となるでしょう」

もしわたしたちが人の知恵を神の知恵と間違えるならば、わたしたちは、人の知恵の愚かさによって迷いの道に導かれるでしょう。ここに、――における多くの人々にとっての大きな危険があります。彼らには、彼ら自身のための経験がありません。彼らは、新しく、またいつでも生じやすい疑問や主題を、偏見なく歪《ゆが》められていない判断力をもって、彼ら自身で祈りながら考える習慣を持ってきませんでした。彼らは、他の人々がどのように考えるかを知ろうと待ちます。もしこれらの人々が違った意見を持つならば、考慮されている主題は、まったく取るに足りない問題であると彼らが納得するというだけのことです。この種の人々の人数は多いのですが、だからと言って、彼らが未熟であり、長い間敵の手に委ねてきたので優柔不断であり、いつも赤子のように病弱で、他人の光によって歩き、他人の経験に頼って生活し、他の人たちが感じるように感じ、他の人々が行うように行動する、という事実を変えることはありません。彼らは、あたかも個人の人格を持っていないかのように行動します。彼らの独自性は他の人々の中に埋没されていて、彼らは自分たちが正しいと考えている人々の単なる影に過ぎません。これらの人々が自分たちの優柔不断な性格を自覚し、それを矯正しない限り、彼らは皆永遠の命を失うでしょう。彼らは、終わりの時代の危機に対処することはできないでしょう。彼らは、悪魔に抵抗するスタミナを持たないでしょう。なぜなら、彼らはそれが悪魔であることを知らないからです。近づいているのが敵であるのか、それとも味方であるのかを知らせるために、誰かが彼らの側にいなければなりません。彼らは霊的な人たちではないので、霊的な事柄を見分けられません。彼らは、神の国に関連する事柄を知りません。若者も老人も、他人に自分たちに代わって経験してもらうことは許されません。天使は次のように言いました。「呪われよ、人間に信頼し、肉なる者を頼みとし、その心が主を離れ去っている人は」（エレミヤ一七の五）。高貴な自助努力が、クリスチャンの経験と戦いにおいて必要とされているのです。

　男性、女性、そして若者たちよ、神はあなたがたが、道徳的勇気、確固たる目的、不屈の精神と忍耐を持ち、また、他人の主張をうのみにせず、受け入れたり拒んだりする前に、自分自身で調査して、証拠を学び、慎重に考慮し、それを祈りのうちに主のみもとに携える思いを持つようにと要求しておられます。「あなたがたの中で知恵の欠けている人がいれば、だれにでも惜しみなくとがめだてしないでお与えになる神に願いなさい。そうすれば、与えられます」。しかしこれが条件です。「いささかも疑わず、信仰をもって願いなさい。疑う者は、風に吹かれて揺れ動く海の波に似ています。そういう人は、主から何かいただけると思ってはなりません」（ヤコブ一の五〜七）。この知恵を求める嘆願は、祈り終えるとすぐに忘れてしまうような無意味な祈りとなるべきではありません。これは、神のご意志を確信する知恵が欠けているという自覚から湧き上がる、強力で熱心な願望を言い表す祈りなのです。

　この祈りがささげられた後で、たとえその答えを直ちに感じなくても、待ちくたびれて、ぐらついてはなりません。動揺してはなりません。「あなたがたをお招きになった方は、真実で、必ずそのとおりにしてくださいます」（Iテサロニケ五の二四）との約束にしがみつきなさい。しつこく求めた寡婦のように、あなたの目的を固く定めて、あなたの問題を強く訴えなさい。その目的は重要で、あなたにとって大きな結果をもたらすものでしょうか。もちろんそうです。そうであるならば、動揺してはなりません。なぜなら、あなたの信仰が試されるかもしれないからです。もしあなたが願っていることが価値あるものであるならば、それは強く熱心な努力をするに値します。あなたは約束を持っています。だから、目を覚まし祈りなさい。固く立ちなさい。そうすればその祈りは答えられます。それを約束なさったのは神ではなかったのですか。それを得るために、もしあなたが何かを支払ったとすれば、あなたはそれをより珍重するでしょう。もしあなたが揺れ動くならば、主から何物かを受けられると考える必要はない、とあなたははっきりと告げられています。ここには、疲れ果てないで、約束の上に固く立つようにとの注意が与えられているのです。もしあなたが求めるならば、主はとがめられることなく、惜しみなくあなたにお与えになるでしょう。

ここで多くの人々が間違いを犯しています。彼らは、その目的から揺れ動いているので、信仰が衰えるのです。これが、彼らがわたしたちの力の源泉である主から何も受けられない理由です。だれ一人として暗闇の中を歩き、目の不自由な人のように途中でつまずく必要はありません。なぜならば、自分自身の道を選ぶのではなく、主が定められた道においてそれを受け入れる人に、主は光を与えてくださっているからです。主は、すべての人々に、日ごとの務めを誠実に行うように要求なさいます。特に、これは出版所において厳粛で重要な働きに従事しているすべての人々――この働きの重い責任を担っている人々と、最も少ない責任を担っている人々の両者――に要求されています。これは、神の目が皆の方からも見え、その目が、万事を見ておられ、すべての人々の行動を調べておられるかのように、神の目に正しいことを忠実に行わせてくださる力を求めて、神を見上げ、私心のない動機によって支配されているかのごとく万事を行うことによってのみなされ得ることなのです。

最も広くはびこり、わたしたちを神から離し、非常に多くの霊的伝染病を生じさせる罪は利己主義です。克己による以外に主に帰る道はあり得ません。わたしたちは自分では何もできませんが、わたしたちを強くしてくださる神によって、他の人々に善をなすために生きることができ、そのようにして利己主義の悪を避けるのです。有益で私心のない人生によって神にすべてを捧げたいとの願いを表すために、異教の国々に行く必要はありません。わたしたちは、家庭や教会で交わる人々や、商業の取引をする人々の間で、それをすべきです。自己を制し服従させておかなければならないのは、日常生活においてです。パウロは、「わたしは日々死んでいるのである」と言うことができました。生活の中の小さな業務において毎日自己に死ぬことで、わたしたちは勝利者になれます。周りの人々に対して善いことをしたいという願いによって、自己を忘れるべきです。多くの人は、周りの人々に対する愛が決定的に欠けています。彼らは自分の義務を忠実に果たす代わりに、むしろ自分自身の快楽を追求します。

神はすべての弟子たちに、彼らの影響力と資金で周りの人々を祝福すること、また彼らに影響される人たちの思想と愛情を高めさせるための力を与えてくださる神の知恵を求めることを義務としてはっきり命じておられます。義務を積極的に要求しておられます。他の人々のために行動することによって、心地よい満足感が得られ、十分な報いとなる心の平安が与えられます。人々に善を行いたいという高貴な願望に駆り立てられるとき、彼らは人生の多岐にわたる義務を忠実に履行することの中に、真の幸福を見いだすでしょう。これは、地上での報酬以上のものをもたらすでしょう。なぜなら、忠実で私心のない義務の履行は、すべて天使によって注目されていて、人生の記録の中で照り輝いているからです。天では、だれ一人自分のことを考えず、自分自身の楽しみを求めないで、すべての者が、純粋で真実な愛から、自分の周囲の人たちの幸福を求めるのです。もしわたしたちが新しくされた世界で天の社会の交わりを楽しみたいと望むならば、この地上で天の原則に支配されなければなりません。

わたしたちの生活におけるすべての行動は、善かれ悪しかれ、他の人たちに影響を与えているのです。わたしたちの影響は、上か下かに向きがちです。周りの人々がそれを感じ、それに従って行動し、大なり小なり再現するのです。もしわたしたちが良い原則の進展の中で、その模範によって周りの人々を助けるならば、わたしたちは彼らに善を行う力を与えることになります。さらに今度は彼らが、同じ有益な影響を他の人たちに及ぼす番となり、このようにして、わたしたちが気づかずに与える影響力によって大勢の人々が感化されるのです。もしわたしたちが行動によって、わたしたちの周りにいる人々の悪の力を強化したり活発にするならば、わたしたちは彼らの罪を共有することになり、わたしたちが彼らに行うことができたかもしれないのに、しなかった善に対して、申し開きをしなければなりません。なぜならば、わたしたちが神をわたしたちの力、わたしたちの導き手、わたしたちの指導者としなかったからです。

第6章　真の愛

真の愛は、激しく燃える衝動的な情熱ではありません。そうではなく、穏やかで、深みのある性質のものです。それは単なる外見を超越して、性質そのものに惹きつけられます。それは賢明で、識別力があり、その献身は、真実で不変です。神は、人生の日常的な出来事によってわたしたちを試し、立証なさいます。心の重要な一区切りを示すものは、小さな出来事なのです。人生全体の幸福を形成するものは、日常生活における小さな配慮、数多くの小さな出来事や単純な親切などです。人生全体の不幸の形成を助けているものは、親切で励ましを与える優しい言葉や、日常生活における小さな親切などをおろそかにすることです。わたしたちの周りの人々の善と幸福のための自己否定が、天の記録の大部分を構成していることが最後には判明するでしょう。周りの人々の善と幸福には無関心な自己中心の行為が、わたしたちの天父の目に留まらないことはないという事実もまた明らかになるでしょう。

B兄弟、主はあなたのために働いておられ、正しい道程においてあなたを祝福し、力づけてくださるでしょう。あなたは、真理の理論を理解していますので、もし神が、あなたがそうすることによって神のみ名の栄光を最善にたたえることができるとごらんになって、あなたにそれを要求なさったときに、あなたがより責任のある地位に就く備えができるよう、神のご意志と働きについてのすべての知識を得られる限り、得なければなりません。しかしあなたには、まだ得なければならない経験がありま す。あなたは、あまりにも衝動的で、環境によってあまりにも容易に感化されやすいのです。誤ることのないお方であり、求めることが無駄になることはないと約束なさった神に、もしあなたが、熱心に、謙虚に、知恵を求めるならば、神は喜んであなたを力づけ、落ち着かせ、安定させてくださいます。

あなたには、他の人々に真理を教える際、自分の短い経験に似つかわしくない態度で、あまりにも強く話す危険性があります。あなたは物事を一瞥《いちべつ》しただけで、そのものの主旨を容易に理解することができます。すべての人々があなたのような性格を与えられてはいないので、これをすることはできません。あなたには、あなたのように容易に理解できない人たちが証拠を慎重に考慮するのを、忍耐して静かに待つ備えがないのです。あなたは他の人々にも、あなたが見るのと同じように直ちに見、あなたが感じるような熱意と行動の必要性を感じることをあまりにも強く求め過ぎる危険があります。もしあなたの期待が実現されなければ、あなたは失望して、じっとしておれなくなる危険があるでしょう。そして変化を願うでしょう。あなたは、相手を激しく非難し、打ち負かそうとする性分を努めて避けなければなりません。非難を込めた精神を匂わすすべてのものを捨てなさい。神は長い経験のあるどの僕たちの中にも、この精神が見いだされることをお喜びになりません。もし謙遜と内的な美観が伴うならば、情熱と熱意を表すことは若者にとって適切なことです。しかし、わずかな経験しか持っていない若者によって、向こう見ずな熱意と非難を込めた精神が表されるのは、最も見苦しい行為であり、必ず嫌悪の情を起させます。このことほど、その人の影響力を直ちに破壊することができるものは、他にありません。柔和、優しさ、忍耐、我慢、怒りを遅くすること、すべてを忍び、すべてを望み、すべてに耐えること——これらは、天において成長している貴重な愛の木で育っている実なのです。この木は、もし育てられておれば、必ず常緑樹となります。その枝は枯れず、その葉はしぼみません。それは、天の露によって絶えず潤されていて、永遠に不滅です。

愛は力です。知性と道徳的力がこの原則の中に含まれているので、愛から分離することはできません。富の力は、不正を働き、破壊する傾向を持っています。威圧する力は、強力で痛みを与えます。しかし純粋な愛のすばらしさとその価値は、効果的に善を行うこと、善以外の何物も行わないことで成り立っています。純粋な愛からなされることは何であっても、たとえそれが人の目には常に小さなこと、あるいは、侮蔑されるようなものであっても、すべてが良い結果を生みます。なぜなら、神は人がどれほど多くのことを行うかよりも、どれほどの愛を実行するかに、より関心を持っておられるからです。愛は、神から来るものです。回心していない心は、キリストが支配なさるところにおいてのみ育つ、天で成長するこの植物を創ることも生み出すこともできません。

愛は、行動がなければ生きることはできません。すべての行動は、愛を増し、力づけ、広げます。愛は、議論や権威が力を失うときに勝利を得るでしょう。愛は、利益や報酬を得るために働きません。しかし、すべての愛の働きに、確実に大きな利得があるようにと、神がお定めになりました。愛は、その性質上拡散しやすく、その動きは静かですが、大きな悪に勝つという目的においては強力で偉大です。愛は、その影響において溶解させ、改変させる力があり、罪人の人生をしっかりとつかみ、他のすべての手段が不成功に終わったとしても、彼らの心に影響を及ぼします。知性の力、権威の力、威圧の力が用いられ、愛の存在が表されていないところではどこにおいても、わたしたちがつかもうと求めている人々の愛情や意志は、防衛的、反発的立場を取り、抵抗する力は増大します。イエスは、平和の君でした。彼は、抵抗と権威を彼自身のもとに屈服させるために、この世においでになりました。知恵と力を彼は意のままにすることができましたが、悪に勝利するために彼が用いられた手段は、知恵と愛の力でした。神が同じ伝道地の中で別の働きをあなたに与えることがふさわしいとごらんになるまでは、あなたの関心を、あなたの現在の仕事から何物にも逸らせてはなりません。幸福を求めてはなりません。それは、求めることによっては決して見つからないものだからです。あなたの務めに励んでください。忠実さがあなたのすべての行動の目印となるようにしてください。そして、謙遜をまとってください。

「人にしてもらいたいと思うことは何でも、あなたがたも人にしなさい」（マタイ七の一二）。祝福された結果が、このような歩みの実として現れるでしょう。「あなたがたは、自分の裁く裁きで裁かれ、自分の量る秤で量り与えられる」（マタイ七の二）。ここに、清い心をもって、熱心に互いに愛するようにとわたしたちを駆り立てる強力な動機があるのです。キリストは、わたしたちの模範です。キリストは、善い業に励みつつ進まれました。彼は、他の人々を祝福するために生活なさいました。愛が、彼のすべての行動を美しくし、尊いものとしました。他の人々にしてほしいと願うことを、わたしたち自身に対してするようにとは命じられていません。同じ状況のもとで、他の人々にしてほしいと願うことを、わたしたちが他の人々に対してすべきなのです。わたしたちが量る秤は常に、わたしたちを量るために、また使われます。純粋な愛は、その作用においては単純であり、行動の他のどの原則とも異なる独自なものです。影響力を持ちたいと願う心や他の人々の尊敬を求める願望は、整然とした生活や、しばしば非の打ちどころのない会話を生み出すかもしれません。自尊心は、悪の出現を避けるようにわたしたちを導くかもしれません。自己中心の心が、寛大な行動を遂行し、現代の真理を認め、周りへの態度で謙遜や愛情を表すかもしれませんが、その動機は、欺瞞的で不純かもしれません。このような心から流れ出る行動は、純粋な愛の原則に欠けているので、命の香りと真の聖潔の実に欠けているかもしれません。愛は、大切に抱かれ、育てられるべきものです。なぜならば、その影響力は神聖なものだからです。

第7章　施設での娯楽

娯楽が、わたしたちの施設の中に紹介されたとき、——にいるある人たちは、彼らの思慮の浅い品性を表しました。彼らは、大変喜び、満足しました。彼らの軽薄な側面にぴったり合っていたからでした。病弱者たちのために推薦された事柄を、彼らは自分たち自身にとって良いものだと考えました。C医師は、彼の患者たちに与えた勧告から生じるすべての結果に、責任があるわけではありません。海外の異なる教会にいる献身していない人々が、娯楽、浮かれ騒ぎ、愚行に関与するための、最初の言い訳のようなものに飛びつきました。患者たちの思いを、彼ら自身から、快活な思考回路へと逸らすために、施設の医師たちが遊びや娯楽を推薦していたことが知られるや否や、それは麦を刈った後の畑の火のように広がり、——にいる若者たちや他の教会の人たちは、まさにこのようなものが必要であると考えました。その結果、多くの人々が義の武具を脱いでしまいました。彼らがもはや拘束されず身軽になったので、彼らはあたかも永遠の命がここでの彼らの熱意いかんにかかっているかのごとく、非常な熱心さと忍耐強さを持ってこれらの事柄に従事しました。ここに、良心的なキリストの弟子たちと、自己欺瞞に陥った人々とを識別する機会がありました。ある人々は、心に神のみ業を持っていませんでした。彼らは、魂の中で働く真の清めの働きを持っていませんでした。彼らは神を拠り所としなかったので、不安定になり、波に足をすくわれ、ただ前へ後ろへと動かされるだけになりました。このような人々は、自分たちが安定感も道徳的自立心もほとんど持っていないことを示しました。彼らは、自分自身の経験を持っていなかったので、他の人々のたきつけた火の火花に頼って歩きました。彼らは、世に向かって告白できるようなキリストを心の中に持っていませんでした。彼らは、キリストの弟子であると公言しましたが、地上の世俗的な事柄が、彼らの軽薄で利己的な心を支配しました。

この娯楽の問題に関して、心配していないように見えた人々がいました。彼らは、すべて神が良しとなさるという確信を持っていたので、心の平安が妨げられることはありませんでした。彼らは、病弱者への処方箋は自分たちへのものではないので、このことで心を悩ます必要はないと決めました。教会の中や世の中で他の人々がすることとは何であっても、彼らには関係ありませんでした。彼らが「いったいキリスト以外のだれにわたしたちは従うべきか」と言ったことからも、それがわかります。キリストは、ご自分が歩かれたように歩きなさい、との命令をわたしたちに残されました。わたしたちは、目に見えないキリストを見ているようにして生きなければなりません。そして、人に対してではなく主に対してするように、わたしたちがすることを、心を込めてしなければなりません。

このような事柄が生じるとき、品性が成長します。その時、道徳的価値が真の意味で測定されるのです。信心深さを公言しながら、この世に彼らの楽しみや幸福のある人々がどこに見いだされるかを確認することは、難しくはありません。彼らの愛情は、天の事柄にではなく、サタンが支配している地上の事物に注がれているのです。彼らは暗闇の中を歩いていて、天の事柄を愛し、喜ぶことができません。なぜなら、彼らは天の事柄を識別できないからです。彼らはキリストの生活から遠ざかり、理解力には暗い影が落ちています。み霊に関する事柄は、彼らにとっては愚かなことなのです。彼らの娯楽はこの世の歩みに従い、彼らの関心事と期待は、この世と地上の事物とに結びついています。このような人たちは、クリスチャンの名を背負いながら、神と富の両者に仕えて過ごすこともできれば、それで満足します。しかし、教会にとっては重荷であり、呪いであるに過ぎないこれらの人々の心を、あらわに示すことが起こるでしょう。

教会の中に存在している精神は、神と神聖の道から引き離すものです。多くの教会は、彼らの霊的盲目状態は、この施設で教えられた原則から受けた影響のせいだとしてきました。これは、全部が正しいとは言えません。仮に教会が神の勧告に固く立っていたならば、この施設は統治されてきたことでしょう。教会の光が、働きのこの分野に拡散されてきたはずで、その結果、誤りはそこに存在しなかったでしょう。施設における道徳的暗黒と霊的死をつくるのに最大の影響力を持っていたものは、教会の道徳的暗黒でした。教会が健全な状態であったならば、組織体のこの腕に、活力を与える健康な血液を送ることができたはずでした。しかし、この教会は病弱で、神の好意も神のみ顔の光をも喜んでいませんでした。病気がちで、死に至らせる影響力は、この病気があらゆる所で明らかになるまでに、生きている組織体の全身を巡っていました。

親愛なるD兄弟は、彼自身の心の状態を理解していませんでした。利己心がそこに宿っていたので、平和、健康、平安が離れ去っていました。あなたがたに欠けているものは、愛の要素――神への愛とあなたの隣人への愛――です。あなたが今生きている命は、神のみ子への信仰によって生きている命ではありません。神の信頼に委ねられたものを、神が守ることができないと言っているかのようです。堅固な信頼、神のみ手の中にすべてを譲り渡す畏敬の念が欠落しています。それはあたかも、あなた自身の益のために、あなたが防衛的態度をとり、自分が有利になるような戦いを始めない限り、自分に害を及ぼすような悪い計画がある、とあなたは恐れていいます。神の子らは、神の知恵と力に頼る信頼があれば、賢明で力に溢れています。そして人の知恵と助けから決別していれば、力強く、幸福です。

ダニエルと彼の仲間たちは、見知らぬ国で捕虜となっていました。しかし神は、彼らの敵の妬みと憎しみが、彼らを打ち負かすことを許されませんでした。義人たちは、常に上からの助けを得てきました。神に信頼した数人の純真な人たちの品性と影響力を破壊するために、神の敵は彼らの力と知恵を幾度一致させてきたことでしょう。しかし、主が彼らのために戦われたので、だれ一人として彼らに勝つことはできませんでした。ただキリストの弟子たちを一つに結びつかせなさい。そうすれば、彼らは勝利するでしょう。彼らを、偶像から、また、世から離れさせなさい。そうすれば世は、彼らを神から引き離さないでしょう。キリストはわたしたちと共におられる、全能の救い主です。彼のうちに、すべてのものが満ちあふれています。真理であるキリストが彼らのうちにおられることを本当に知ることは、クリスチャンの特権です。「世に打ち勝つ勝利、それはわたしたちの信仰です」（Iヨハネ五の四）。信じる者にとってすべてのことは可能です。わたしたちが願っているものが何であれ、祈るとき、それが得られると信じるならば、わたしたちはそれを得るでしょう。この信仰は、暗雲を貫き、うなだれ気落ちしている魂に、光と希望の輝きをもたらすでしょう。この信仰と信頼の欠如が、困惑、恐怖の苦悩、悪の憶測をもたらします。神の民が神にまったく信頼するとき、神は、彼らのために大きなことを行ってくださいます。「信心は、満ち足りることを知る者には、大きな利得の道です」（Iテモテ六の六）。純粋で汚れのない宗教は、生活の中で例示されるでしょう。キリストは、なくなることのない力の源であり、苦難のとき、必ずそこにいまして助けてくださるお方です。

第8章　無視されたハンナ・モーア

ハンナ・モーア姉妹の事例において、彼女を無視することは、彼女の中におられるイエスを無視することであったことを、わたしは示されました。もし神のみ子が、地上におられた時に、あちらこちらに旅をなさっていたときと同じ、謙虚で控えめな態度でここに来られたとしても、同じような扱いを受けたでしょう。必要とされているのは、謙虚なカルバリーの君の胸に宿っていた深い愛の原則です。もし教会が光の中に生きてきたとすれば、彼らは、その全存在が彼女の主への奉仕に従事して輝いていた、この謙遜な宣教師に感謝してきたことでしょう。彼女の非常に熱心な関心は誤解されていました。彼女の外見は、人の好みと流行という点では承認されるようなものではありませんでした。というのは、厳しい経済と貧困の中にいることがよくわかるような服装だったからです。苦労して手に入れた彼女の資金は、他の人々を益するために、彼女が真理の十字架に導きたいと願っている人々に光をもたらすために得られるなり、ただちに使い果たされてきました。

高められた特権と高度な専門性を持っているキリストを公言した教会でさえ、この自己否定をしている神の子の中に、キリストの姿を認識しませんでした。なぜなら、彼ら自身がキリストからあまりにも遠く離れていて、キリストの姿を反映していなかったからでした。彼らは外見によって判断し、内面的な美しさを見分けるために、骨を折ろうとはしませんでした。ここに、豊かな知識と、敬虔の奥義における真正な経験において、――に住んでいる他のだれよりも勝り、若者や子どもたちに語る態度は、楽しく、教訓的で、有益であった一人の女性がいたのでした。彼女は、きつい人ではなく、正確で、同情的であり、若者たちを教える者として、また母親たちに対する知的で有用な仲間、カウンセラーとして、この伝道地における最も有用な働き人の一人だと立証されたはずでした。彼女は、救い主に仕えるために献げてきた彼女の宗教的生活における出来事を、熱心に、事実に即したこととして提示することで、人々の心に達することができました。もし教会が、暗黒と欺瞞から明るい光の中に出てきていたならば、彼らの心は、この孤独な見知らぬ人の姿に惹きつけられていたはずでした。自分が役に立てる道がまったく開かれない状態での彼女の祈り、彼女の涙、彼女の苦悩は、天においては見られ、聞かれました。主は、神の民に有能な助け手を提供なさいましたが、彼らは金持ちで、満ち足りていて、何一つ必要な物がなかったのでした。彼らは、そのうちその必要を感じることになる最も貴重な祝福から離れ、拒絶したのでした。仮にE長老が神の明らかな光の中に立っていて、神のみ霊に満たされていたならば、孤独で住む家がなく、彼女の主のために働きたいと渇望しているこのイエスの僕が彼の目に留まったとき、ちょうど顔が鏡の中の顔に応えるように、霊が霊に応えたはずでした。彼の心は、キリストのこの弟子の姿に惹きつけられ、彼女のことを理解していたはずでした。このことはまた教会についても言えることでした。彼らは、霊的にかくも盲目であったために、真の羊飼いの声を聞き分けられなくなり、彼らをキリストの群れから引き離す、見知らぬ人の声に従っていたのでした。

多くの人々は、神の民のために実現されるべき大きな働きを期待しています。彼らの祈りは、大いなる収穫における助けを求めて神のみもとに上ります。しかし、もし助けが彼らの期待通りの方法でやって来なければ、彼らはそれを受けることなく、ちょうどユダヤの国民がキリストの出現の仕方に失望したためにキリストから離れたように、それから離れるでしょう。あまりにも大きな貧困と謙遜が彼の来臨を特徴づけていたので、その高慢さのゆえに彼らは、彼らに命を与えるためにおいでになられたお方を拒絶したのでした。このことにおいて神は、神が彼らを裁くために訪れることのないように、教会の人々が心を低くし、神のみ前でその道をただす大いなる必要を理解させようとなさいました。敬虔を公言している多くの人々は、外面的な美しさを内面的な美しさよりもはるかに重要であるとしています。もし教会が皆、主のみ前に彼ら自身を低くし、主の思いに適うために、過去の誤りを残らず矯正していたならば、彼らは品性の道徳的卓越さを評価された際、これほどまでに欠けることはなかったことでしょう。

ハンナ・モーア姉妹の光は消え去りました。一方、その光は、今誤謬《ごびゅう》と反逆の暗い道を歩いている多くの人々の道を照らすために、明るく燃えているかもしれません。神は、教会に、眠りから目を覚まし、教会員名簿にその名が記されている、信者と名乗る人々の間にあるこの自己欺瞞の原因を、非常に熱心に探るようにと要求なさっています。サタンは、救いについて大きな関心を抱き、彼らを惑わし、だましています。罪の欺瞞性ほど不誠実で危険なものは他にありません。人を惑わし、盲目にし、破滅に導くものは、この世の神です。サタンは、いきなり誘惑の装いをして、入ってはきません。サタンは、これらの誘惑を善の姿で偽装します。彼は、愚行と娯楽に、わずかばかりの改良を混ぜ合わせ、欺かれた魂は、それに携わるととても良いものが得られるから、という言い訳を強く勧めるのです。これは、その欺瞞的な側面に過ぎません。サタンの身の毛のよだつ手腕は、隠されています。欺かれた魂は、一歩を踏み出し、さらに次の一歩へと備えます。彼ら自身の心の赴くままに進む方が、悪賢い敵を防ぎ拒んで、彼を閉め出すことよりも、はるかに愉快なのです。サタンは、人々がこんなにたやすく彼の餌にひっかかり、サタンが用意してきたまさにその道を歩いているのを、どのような気持ちで見つめていることでしょう。サタンは、彼らが祈ることや宗教的義務の形式を維持することをやめるようにとは願ってはいません。なぜならば、彼らがこれをしている間、彼はそれを自分の働きの中でより有効に用いることができるからです。サタンは、彼の詭弁《きべん》と欺瞞の罠《わな》を、彼らの経験と職業とに結びつけ、こうしてその事業を巧みに進展させているのです。偽善的なファリサイ派の人々は、心が邪悪のままで、祈りをささげ、断食をし、信心の形式を遵守しました。サタンは、キリストとその天使たちを侮辱し、あざけろうと待機しています。彼は次のように言っているのです。「彼らはわたしのものだ！　彼らはわたしのものだ！　わたしは、彼らのためにわたしの欺瞞を用意してきた。ここではお前の血は、何の値打ちもない。お前の仲保の働きや不思議な業は、中止したほうがいい。彼らはわたしのものだ！　彼らはわたしのものなのだ！　彼らはキリストの臣下として高度な職業に就いているが、かつてはキリストの臨在の輝きを喜んでいたが、わたしは彼らを、彼らがそれについて話しているまさに天の面前で、わたしの手元に確保しよう。他の人々をおびき寄せるために用いることができる者は、まさにこれらの臣下たちなのだ」と。

ソロモンは次のように言っています。「自分の心に依り頼む者は愚か者だ」（箴言二八の二六）。信仰を告白した者たちの間にこのような人々が大勢います。使徒も言っています。「わたしたちがそうするのは、サタンにつけ込まれないためです。サタンのやり口は心得ているからです」（Ⅱコリント二の一一）。いくらか良いことがあるはずだという欺瞞のもとに、世の娯楽の中に幸福を求めることによって、キリストの弟子だと公言している者たちを世との結合に導くため、なんという手腕、なんという技能、なんという悪知恵が行使されていることでしょう。このようにして、無防備の者たちは、この道には何の悪も存在していないなどとうぬぼれながら、網の中にまっしぐらに歩いていくのです。このような者たちの愛情や同情が加工され、それは、自分たちは神の子であるという彼らの確信をその上に築く貧弱な土台となるのです。彼らは、自分たちを他の人々と比べて、自分たちの方が多くの真のクリスチャンよりも優れていると満足して落ち着くのです。しかし、彼らの生活の中から輝き出て、その明るい輝きが他の人々を祝福するキリストの深い愛はどこにあるのでしょうか。彼らの聖書はどこにあるのでしょうか。そしてそれはどれほど学ばれているのでしょうか。彼らの思いはどこにあるのでしょうか。彼らの思いは天と天の事物に向けられているのでしょうか。彼らの思いがその方向に向けられることは、自然なことではありません。彼らは神の言葉の学びには興味がありません。聖書を学んでも心は興奮も熱狂もしないのです。新たにされていない生来の心は、神の言葉よりも、他の書物を好みます。彼らの注意力は、自己に奪われています。彼らは、思いと心に働きかける神のみ霊の影響力に対する深く熱心な憧れを持ってはいません。神は、彼らの思いのどこにも存在していません。

この時代の若者の大部分が永遠の命に達しないだろうという考えに、わたしはどうして耐えることができましょう。楽器の音が止み、彼らが非常に貴重な時間を、これ以上彼ら自身の気まぐれを楽しむことに費やしませんように。彼らが衣服やむなしい会話のためにささげる時間を少なくし、健全な経験のために、熱心に苦闘する祈りを神にささげますように。神の言葉の光に照らして、綿密に自己吟味をすることが大いに必要です。各自で次の問いかけをしましょう。「わたしの心は健全でしょうか。それとも、腐敗しているでしょうか。わたしはキリストによって新しくされているでしょうか。それとも、外側は新しい衣服を身に着けていながら、心は依然として肉欲的でしょうか」。あなた自身を大いなる裁きの座に置き、神の光に照らされて、あなたが心に抱いている秘かな罪がないかどうか、あなたがいまだ犠牲にしていない偶像がないかどうかを吟味しなさい。サタンの計略によって惑わされないように、あなたが無頓着で、不注意で、むなしい精神に身を任せないよう、自分の良心を鎮めるために宗教的義務を果たすことのないように祈りなさい。そうです。これまでに一度も祈ったことがなかったほど祈りなさい。

快楽を愛する人になることは、世界のどの時代においてもクリスチャンにとってふさわしくないことです。しかし、この地上の歴史場面が間もなく終わろうとしている今は、なお一層そのとおりです。確かにあなたの永遠の命の希望の根拠は、これ以上ないほど確かなところに置かれているのです。あなたの魂の安全と永遠の幸福は、あなたの基礎がキリストの上に築かれているかどうかにかかっています。他の人々が地上の快楽を渇望している間に、あなたがたは神の愛という誤解の余地のない確信を、次のように真剣に、熱烈に叫びながら追い求めましょう。「わたしの召命と選びを確かなものとする方法を、だれがわたしに示してくれるでしょうか」と。

終わりの時代のしるしの一つは、クリスチャンを公言する人たちが、神よりも快楽を愛する者となる、ということです。あなた自身の魂と真剣に向き合いなさい。注意深く探りなさい。忠実な吟味の後に、天を仰ぎ見て、「わたしは、このように描写されている人々の一人ではない！　わたしは、神よりも快楽を愛する者ではない」と言うことができる人はなんと少ないことでしょう。「わたしは世に対して死んでいます。わたしが今生きている命は、神のみ子を信じる信仰による命です。わたしの命は、キリストと共に神のうちに隠されています。従って、わたしの命であるキリストが現れるそのとき、わたしもまた栄光のうちにキリストと共に現れるでしょう」と言うことができる人は、なんとわずかでしょう。精神の愛と恵み、それはなんと貴重な恵みでしょう。それは、精錬された金よりも大きな価値のある恵みです。それは、他のすべての原則に勝って、精神を高めて高貴なものとし、愛情を天に留め置いてくださいます。わたしたちの周りの人々は空しくなり、快楽を求め、愚行に関わるかもしれませんが、わたしたちが救い主を眺めるとき、わたしたちの会話は天国についてであり、魂は、赦しと平安、義と真の清めを求めて、神を慕い求めます。神との会話、および、天の事柄についての瞑想は、魂をキリストの似姿に造り変えます。

第9章　病人のための祈り

　F姉妹の場合、大いなる働きが遂行される必要がありました。彼女のために一つになって祈っていた人々は、彼らのための働きが必要でした。もし神が彼らの祈りに答えておられたら、彼らは破滅していたことでしょう。サタンが思いを支配しているこのような苦悩の場合、祈りに従事する前に、悔い改め、告白し、捨てる必要がある罪があるかどうかを知るために、綿密な内省がなされなければなりません。神のみ前における深い魂のへりくだりが必要であり、キリストの血の功績にのみ固く謙虚に寄りすがらなければなりません。誤った振る舞いによって心が神からさまよい離れている間は、断食も祈祷も何の役にもたちません。「わたしの選ぶ断食とはこれではないか。悪による束縛を断ち、軛《くびき》の結び目をほどいて／虐げられた人を解放し、軛をことごとく折ること。さらに、飢えた人にあなたのパンを裂き与え／さまよう貧しい人を家に招き入れ／裸の人に会えば衣を着せかけ／同胞に助けを惜しまないこと」「あなたが呼べば主は答え／あなたが叫べば『わたしはここにいる』と言われる。軛を負わすこと、指をさすこと／呪いの言葉をはくことを／あなたの中から取り去るなら／飢えている人に心を配り／苦しめられている人の願いを満たすなら／あなたの光は、闇の中に輝き出で／あなたを包む闇は、真昼のようになる。主は常にあなたを導き／焼けつく地であなたの渇きをいやし／骨に力を与えてくださる。あなたは潤された園、水の涸れない泉となる」（イザヤ五八の六、七、九～一一）。

　主が求めておられるのは、心の働きであり、愛に満たされた心から湧き上がってくる善い業です。すべての人々は、上述の聖句を、注意深く、また祈りの心でよく考え、自分たちの動機と行動を吟味しなければなりません。わたしたちに対する神の約束は、神のすべての要求に従い、それらを守ることを条件としています。「喉《のど》をからして叫べ」と預言者イザヤは言います。「黙すな／声をあげよ、角笛のように。わたしの民に、その背きを／ヤコブの家に、その罪を告げよ。彼らが日々わたしを尋ね求め／わたしの道を知ろうと望むように。恵みの業を行い、神の裁きを捨てない民として／彼らがわたしの正しい裁きを尋ね／神に近くあることを望むように。何故《なにゆえ》あなたはわたしたちの断食を顧みず／苦行しても認めてくださらなかったのか」（イザヤ五八の二～三）。

ここで述べられている人々は、高位の聖職者であり、祈りを習慣とし、宗教的活動を喜んでいる人々です。しかしそこには欠陥があります。彼らは、自分たちの祈りが答えられていないことに気づいています。自分たちの熱心な努力が天では認められていないのです。そこで彼らは、主がなぜ彼らに応えてくださらないのかを熱心に尋ねています。それは、神の側で怠っているからではありません。問題は、民の側にあるのです。敬虔さを公言してはいますが、彼らは神の栄光のために実を結んではいないのです。彼らの業は、あるべき姿をしていません。彼らは、明らかな義務を怠って過ごしています。これらの義務が履行されなければ、神は、神の栄光に従って彼らの祈りにお答えになることはできないのです。F姉妹のためにささげられている祈りの場合、心情的な混乱がありました。ある人たちは、熱狂的で、衝動によって行動しました。彼らは、熱意は持っていましたが、知識に従ってはいませんでした。ある人たちは、この事例において偉大なことが果たされると考えていて、勝利が実際に得られる前に、勝ち誇り始めました。イエフの精神が大いに表されていました。「一緒に来て、主に対するわたしの情熱を見てください」（列王記下一〇の一六）。この自信満々の確信の代わりに、謙虚で自己に頼らない精神と、砕かれ、悔恨の念を表した心をもって、この問題は神のみ前に提示されるべきでした。

病気の場合、病人のための祈りをささげるための方法が明らかなところでは、この問題は、興奮の嵐をもってではなく、冷静な信仰のうちに主に委ねられるべきです。主のみが、この個人の過去の生活をご存じであり、また彼の将来がどうなるかを知っておられるのです。すべての人々の心をご存じのお方は、その人がもし起き上がれば、主のみ名を崇めるか、それとも背信によって主のみ名を汚すかどうかを知っておられるのです。わたしたちがするようにと要求されていることは、主が、わたしたちが提示する理由と、ささげられた熱心な祈りを聞いておられることを信じて、もし主のみ心にかなうならば、この病人を起き上がらせてくださいと、ただ神に願うことだけです。もし主が、それが最善に神をたたえることであるとごらんになれば、神はわたしたちの祈りにお答えになるでしょう。しかし、神のみ心に従わずに、ただ回復を強く主張することは、正しいことではありません。

神は約束なさることを、いつでも遂行することがおできになります。そして、神の民がするようにと神がお与えになる働きを、神は彼らによって成し遂げることがおできになるのです。もし神の民が、神が語られたすべてのみ言葉に従って生活するならば、すべての良いみ言葉と約束は、彼らに成就するでしょう。しかし、もし彼らが完全な服従に欠けるならば、偉大で貴重な約束は、はるかかなたのものとなり、彼らはその成就を手にすることはできません。

病人のための祈りにおいてできるすべてのことは、彼らのために熱心にしつこく神に求めることであり、また、まったく確信してこの事柄を神のみ手に委ねることです。もしわたしたちが心に罪を抱くならば、主はわたしたちの祈りをお聞きにならないでしょう。主は、ご自身が望まれることを、主ご自身のものを用いて行うことがおできになります。主は、主に完全に従う人々の中で、また、彼らを用いて働くことによって、ご自身の栄光を現されます。その結果、その働きをなされるのは主であり、彼らの働きは神によってなされることが知られるようになるのです。キリストは、「わたしに仕える者がいれば、父はその人を大切にしてくださる」（ヨハネ一二の二六）と言われました。わたしたちが神のみもとに行くとき、わたしたちは、神の目的の中に入るように、またそれを成し遂げるように、そして、わたしたちの願望や関心事が神の目的の中で見失われるように、と祈るべきです。わたしたちは神のご意志を受け入れることを認めるべきで、わたしたちの意志を神に認めていただくために祈ってはなりません。神がいつもわたしたちの祈りにわたしたちが願うまさにその時に、わたしたちが願うまさにその方法でお答えにはならない方が、わたしたちにとって良いのです。神は、わたしたちの願い通りすべてを遂行するよりも、わたしたちのためにより多くの、より良いことを成し遂げてくださいます。わたしたちの知恵は愚かであるからです。

わたしたちは、男性、女性、子どもたちの病床の周りで、心を合わせて熱心に祈ってきました。そして、わたしたちの熱心な祈りが答えられて、彼らが死からわたしたちのもとへ戻されたと感じてきました。これらの祈りにおいて、わたしたちは積極的でなければならないし、もし信仰を働かせるのであれば、他でもない命そのものを求めなければならない、と考えました。わたしたちは、「もしそれが神の栄光を現すのであれば」とは、あえて言いませんでした。それが疑念に通じるものだと恐れたからです。わたしたちは、いわば死から戻ってきた人々を気にかけて見守ってきました。そうした人々のうち、特に若者たちが、よみがえって健康になり、その後、神を忘れ、放縦な生活を送り、両親や友人に悲しみや苦痛を与え、祈ることを恐れた人々にとって恥となってきたことを、わたしたちは見てきました。彼らは、神の誉れと栄光を現すように生活せず、逆に彼らの悪い生活によって神を呪いました。

わたしたちは、もはや一つの道を特定したり、わたしたちの願い通りに主がなさることを求めたりしません。もし病人の命が神の栄光を現すことができるならば、わたしたちは、彼らが生きることができるようにと祈ります。しかしながら、それはわたしたちの願いどおりにではなく、神のみ旨に従うことです。全知の神に願いを委ね、不安におののくことなく、完全に確信し、神にすべてを信頼することによって、わたしたちの信仰は本当に堅固なものとなり、一層信頼できるようになるのです。わたしたちは、約束を持っています。もしわたしたちが神のみ旨に従って求めるならば、神はお聞きくださることを、わたしたちは知っています。わたしたちの嘆願は、命令の形を取るべきではなく、わたしたちが願っている事柄を神がしてくださるようにと執りなすのです。しかし、教会が一つになるとき、彼らは力を持ちます。しかし、彼らの一部が世と結びつき、多くの人々が、神が嫌悪なさる貪欲に委ねるとき、神は彼らのためにほんのわずかなことしかおできになりません。不信と罪は、彼らを神から引き離します。わたしたちはあまりにも弱いので、わたしたちが栄光を自分のものにし、善と義を神のしるしの根拠として、わたしたち自身の功績にすることがないように、わたしたちは多くの霊的繁栄を生み出すことができません。すべては慈悲深いわたしたちの天父の大きな憐れみと、愛に満ちた優しさのおかげであり、善いものが多少なりともあるわけではないのです。

わたしたちは、わたしたちの周りの人々に、清めを与える影響力を常に行使すべきです。救いを与え、高貴にするこの影響力は、——において、これまで非常に弱いものでした。多くの人々は、世と混ざり合って、世の精神と感化を受けてきました。そして、世との友情が彼らを神から引き離してきたのです。イエスは、彼らより一日分先の道を歩いておられます。彼らは、イエスの勧告と警告のお声をもはや聞くことができませんので、彼ら自身の知恵と判断に頼るしかありません。彼らは、彼ら自身の目に正しいと見える道に従います。しかし、それが後に、愚行であることが立証されるのです。神は、ご自身の業が世の政策と混合されることをお許しになりません。抜け目のない計算高い世の人は、最も厳粛で神聖なこの働きにおいて指導的立場を取る人ではありません。彼らは、回心するか、それとも、世を愛する彼らの傾向に見合った、このような永遠の結果を含まない職業に従事するかのどちらかです。神は、決して俗人と提携を結ばれることはありません。キリストは、すべての人に選択の機会をお与えになります。あなたは、わたしを取りますか。それとも、世をとりますか。あなたは、たとえ世に憎まれても非難や恥を被り、神の選民となり、善い業に熱心になり、わたしの名を取りますか。それとも、世が与える尊敬、栄誉、賞賛、利得を選び、わたしとは無関係になることを選びますか。「あなたがたは、神と富とに仕えることはできない」（マタイ六の二四）。

第10章　牧師の勇気

親愛なるG兄弟へ　あなたは牧師として義務に大いに欠けていることを、わたしは示されてきました。あなたは、基本的な資格に欠けています。あなたは、伝道精神を持っていないのです。あなたは、魂を救うために安楽や楽しみを犠牲にする気持ちがありません。もし光が与えられれば、真理を受け入れキリストのもとに来ようとしている男性、女性、そして青年たちがいます。あなた自身の地域にも、聞く耳を持っている人々がおられるのです。

わたしは、あなたがある人々に教えようと求めているのを見ました。しかし、まさに忍耐、勇気、活力が必要だったときに、あなたは臆病になり、信頼せず、失望し、働きを手放しました。あなたは、あなた自身の安楽を願い、増していたかもしれない関心を低下させました。魂の収穫が得られたかもしれなかったのに、あなたの熱意の欠如のために、その時点での絶好の機会は過ぎ去りました。あなたがすべての武具を身に着けようと決心し、キリストの十字架の良い兵士として困難に耐えようと願い、あなたが魂をキリストへ導くためにあなたを用い、また用いられようと感じなければ、あなたは牧師としての職業をあきらめ、他の職業を選ぶべきであることを、わたしは示されました。

あなたの魂は、このみ業のために清められていません。あなたは、み業の重荷を負っていません。あなたは、キリストの牧師に対して定められている道よりも安易な運命を選択しています。キリストは、ご自身の命をご自分にとって大切なものとは考えておられませんでした。彼は、自分自身を喜ばせるのではなく、他の人々の益のために生きられました。彼は、ご自身に名声をもたらすのではなく、僕の姿をおとりになりました。人々の前にわたしたちの立場を理路整然と提示できるだけでは不十分です。キリストの牧師は、魂に対する不滅の愛、自己否定と自己犠牲の精神を持っていなければなりません。彼の隣人を救う働きのために、牧師は、もし必要ならば、その命を喜んで与えるべきです。キリストはその人のために亡くなられたのですから。

あなたは、キリストのみ業のために回心が必要です。あなたは、み業のためにあなた自身をふさわしい者とし、あなたの働きを導く知恵と判断力を必要としています。あなたの働きは、教会で必要とされていません。あなたは、新しい場所に出かけて行き、あなたの働きを立証すべきです。魂を真理に回心させる働きに、元気よく出かけなさい。あなたが魂の価値を感じているならば、もし良いきざしが少しでも見えてきたら、あなたの心は喜び、たとえ救霊の働きに苦労や疲労があるとしても、耐え忍ぶことができるでしょう。あなたが一旦真理の主題を熱心に訴えた後で、もし良いきざしが少しでも見えたら、その場所を離れてはなりません。あなたは働かないで収穫を期待しますか。あなたは、サタンが彼の部下を、彼の陣営からキリストの陣営へとたやすく移動させると思いますか。サタンは、彼らをその黒い旗印のもとに、暗黒の足かせで拘束するためにあらゆる努力をするでしょう。あなたがこのような敵に直面して戦う時に、熱心に努力しないで、魂をキリストに勝ち取ることができると思いますか。

あなたは、一層の勇気、熱意を持ち、より大きな努力をしなければなりません。そうでなければ、あなたは自分の職業の選択を誤ったと結論づけなければなりません。すぐに失望する牧師は、彼が推進したいと願っている神のみ業に対して害を与え、自分自身のことも不当に扱っているのです。キリストの牧師であると公言しているすべての人々は、ナザレの人の歴史を学ぶことによって、また、マルチン・ルターや他の宗教改革者たちの生涯の歴史を学ぶことによって、知恵を得なければなりません。彼らの仕事は、非常な努力を要しましたが、彼らは、キリストの十字架の忠実な兵士として困難に耐えました。

あなたは、責任を避けてはなりません。あなたは慎みをもって、喜んで勧告や教えを受けなければなりません。あなたが、賢明で、思慮分別のある人からの勧告を受けた後も、まだ、誤ることのない知恵の持ち主であるカウンセラーがおられます。あなたの問題を彼の前に間違いなく提示し、彼の指示を仰ぎなさい。もしあなたが知恵に欠けており、彼に求めるならば、彼は惜しみなくとがめだてしないでお与えになる、と約束なさいました。わたしたちが従事している神聖で厳粛な働きは、その生活にキリストの生涯が織り混まれている、まったく回心して、全身全霊で働く人々を求めています。彼らは、生きている枝から樹液と栄養分を吸い上げ、主にあって成長します。彼らは、この働きの重要性を感じ、思わず「このような務めにだれがふさわしいでしょうか」（Ⅱコリント二の一六）と叫ぶかもしれませんが、働きや労苦から尻込みせず、救霊のために熱心に、私心を捨てて働きます。もし羊飼いの代理者が、そのすべての務めに忠実であれば、彼らは主の喜びに入り、自分たちの忠実な働きを通して救われた魂を天国において見る満足を得るでしょう。

第11章　商取引における閉鎖性

親愛なるH兄弟へ　わたしはあなたに書く機会をこれまで待っていましたが、妨げられてきました。先の幻の後、主がわたしに提示するのを良しとされた事柄をあなたの前に速やかに置くことがわたしの務めであると感じました。わたしは昔を振り返るように指示され、あなたの結婚以前にまでさかのぼる過去における長年の間、あなたには商売においてやり過ぎて失敗する気性があったことを示されました。あなたは、霊的成長にとって有害であり、あなたの影響力を大いに損なう貪欲な精神と閉鎖的な取引をする気性を持っていました。あなたの父親の家族は、これらの事柄を、神であるわたしたちの主によって引用された「心を尽くし、精神を尽くし、力を尽くし、思いを尽くして、あなたの神である主を愛しなさい、また、隣人を自分のように愛しなさい」（ルカ一〇の二七）という高く掲げられた標準からというより、むしろ世の観点から見ていました。この点において、あなたは失敗しました。どのような方法でも、秘かに不正に取引することは、神に嫌悪されます。神は、十分に罪を告白し、捨てることをしなければ、この種の誤謬《ごびゅう》や罪悪を大目に見ることはありません。

わたしは昔を振り返るように指摘され、あなたがこれらの事柄を、いい加減な態度で見ていたことが示されました。あまりにも質が劣り、飼っていても儲《もう》けにならないので、食料となって、人間の胃袋に入れられるために市場に行く動物の荷を運ぶための商取引の光景に、主は目を留められました。わたしたちが貧しかった頃、大家族を養うために、これらのものが、ある時期、わたしたちの食卓に載せられました。このことについて責められるべきは、ただあなた一人だけではありません。あなたの家族の他の人々も、同じように有罪です。それらがわたしたちや世間の人々によって購入され、食されるように計画されたかどうかは、問題ではありません。神を嫌悪させているのは、事柄の原則なのです。あなたは神の掟に違反したのです。あなたは、自分自身を愛するようにあなたの隣人を愛しませんでした。なぜなら、あなたは、同じ事柄が自分に起こってほしくないと思っているからです。あなたは自分が愚弄《ぐろう》されたと思うでしょう。貪欲な精神が、クリスチャンの原則から離反を招き、その結果、他の人々の不利益によって、あなた自身の利益を得るという種類の商取引にあなたは身を落としたのでした。

五年前、肉食の問題がわたしの前に提示され、人々が、食物としている肉についてほとんど知らないことが示されたとき、あなたのこの商取引が示されたのでした。不健康な動物の肉を食べると、血液が冒され、病気や発熱が起こります。この種の多くの事例が、世間の人々によって毎日行われていることをわたしは示されました。わたしの親愛なる兄弟よ、あなたは、あなたに責任があるこの悪行を、主がごらんになるようには思ってきませんでした。これはあなたに責任のある大きな罪であることを、あなたはこれまで一度も感じてきませんでした。同じ性質の多くの事柄が、あなたの人生において起こってきました。記録係の天使は忠実に記録していて、悔い改めと告白によってあなたがこれらの悪事を正さない限り、あなたはそれらの罪と再び出会うでしょう。

わたしは、様子を見るようにと命じられました。わたしは率直に語り、一般的原則を与え、その適用はあなた自身に委ねるようにと指示されました。神は、神の民によって犯される悪事を、度々は指摘なさいませんが、一般的な原則、限定された的確な真理を聞くことができるよう機会を与え、自分たちが有罪であるのかどうかを見、感じ、理解できるように、すべてが判決の場で明らかにされることが、わたしに示されました。あなたは、あなた自身の魂を、綿密に、正直に取り扱ってきませんでした。天使は次のように言いました。「わたしは彼を立証しましょう。わたしは彼を試しましょう。わたしの彼への対応によって、彼が神のみ手を認めるまで、わたしは、彼とは逆方向に歩きましょう」――にいる間、あなたの家族と結びついていた人々は、正しく行動しなかったことを、わたしは示されました。あなたは閉鎖的な精神を現し、策に溺れ、不正直な傾向がありました。あなたの隣人との商取引における行為をまったく変えることによって、あなたが過去を償うまでは、あなたはあの場所において、善への影響力を、なんら持つことはできなかったでしょう。あなたの光は人々にとっては闇であり、そこにいる間のあなたの影響力は、現代の真理の神のみ業にとって大変有害でした。あなたは真理の上に非難をもたらし、あなたの閉鎖的な商取引は、あなたの名前が人々の間で、そういった悪い取引の代名詞となる原因となりました。あなたは、正直な商取引という点では、しばしば多くの世俗の人たちの標準より下に落ちています。I長老は、――――においては善を行うことがまったくできません。彼の言葉は、土の上にこぼれた水のようなものです。彼があなたと関係していて、この閉鎖的な商取引に参加しているからです。商売上の取引においては、彼は多くの点で世の人と同じになりました。彼は閉鎖的で、すぐに利己的になりました。多くの事柄における彼の歩みは、彼の影響力を壊すように意図されていたので、キリストの牧師となることはありませんでした。一八六六年に、ニューヨーク州ロチェスターで与えられた幻の中で、天使は次のように言いました。「わたしの手は逆境をもたらすでしょう。彼は集めるかもしれませんが、わたしは、彼が過去を贖い、永遠のために潔い働きをするまでは、散らすでしょう」と。すべての真のクリスチャンは、世の人たちの低俗な商売根性を超えた、へりくだりを感じるべきです。

あなたは、守銭奴ではありません。あなたは、物惜しみせず、自由で、率直で、気前の良い人でありたいと願っています。しかしあなたの悪い点は、この手紙で述べられた通り、自分自身を愛するようにあなたの隣人を愛していないという傾向です。それは、明白な説得力のある真理の光が、あなたの義務を非常に明確に告げたとき、自分の悪事を悟り、それらを正すことを怠ったことです。あなたは、もてなしを愛しています。従って神は、あなたを人類に対する大いなる欺瞞者に渡すようなことはなさらず、あなたのもとに直接おいでになり、自分の足取りを見直せるように、あなたがどこで誤ったかを示してくださるでしょう。神は、今、過去を償うように、また、より高尚な行動の水準に上って来るように、そして、貪欲さ、あるいは、利得を愛する利己心によって、あなたの人生の記録書を汚させないようにと、あなたに求めておられるのです。

世的な事柄におけるあなたの判断は、あなたがすべてを神におささげしない限り、愚かなものとなるでしょう。あなたとあなたの妻は、献身的ではありません。あなたの霊性は、神が願っておられるようなものではありません。あなたは、麻痺《まひ》状態にあるようです。しかし、もしあなたが、よく整えられた生活と敬虔な会話で、あなたの職業を魅力的にするならば、あなたたちは二人とも、神と神の真理のために、強力な影響力を行使することができます。あなたは、しばしば事をあまりにも急ぎ過ぎて、忍耐力をなくし、怒りっぽくなり、慌てた態度で助けを求めます。これはあなたの霊的成長にとって有害です。

時は短いのです。あなた自身の魂のため、またあなたの友人や隣人たち、さらに、あなたの影響のもとに来るすべての人々の救いのために、熱心に、忠実に働くために必要な心の備えを遅らせている時間はありません。あなたの影響力が、商売の分野や通常の交際であなたが関わっている人々に、清めを与えることができるように、常に光のうちに生きることを目指しなさい。イエスの中に、すべてのものが満ちあふれています。あなたはイエスが歩かれたように歩くのにふさわしい力を、彼から得ることができます。しかし、イエスの愛情から決して離れてはなりません。イエスは、魂と体と霊という全人的な献身を求められます。あなたがなすべきすべての業を行うとき、彼はあなたのために働かれ、彼の豊かな恵みによってあなたを祝福し、力づけてくださるのです。

第12章　雇われ人を圧迫する

親愛なるJ兄弟へ　一八六八年六月一二日、金曜日の夕べに与えられた幻以降、大きな厳粛さがわたしの思いに宿ってきました。あなたは、あなた自身をわかっていないことを、わたしは示されました。あなたの問題について与えられた幻に対して、和解したとあなたは感じてはいませんし、改革のための十全な働きをしてはいません。わたしはイザヤ書のみ言葉を委ねられました。「わたしの選ぶ断食とはこれではないか。悪による束縛を断ち、軛《くびき》の結び目をほどいて／虐げられた人を解放し、軛をことごとく折ること。さらに、飢えた人にあなたのパンを裂き与え／さまよう貧しい人を家に招き入れ／裸の人に会えば衣を着せかけ／同胞に助けを惜しまないこと」（イザヤ五八の六、七）。もしあなたがこれらのことを行なうならば、約束された祝福が与えられるでしょう。あなたは、次のように尋ねるかもしれません。「何故《なにゆえ》あなたはわたしたちの断食を顧みず／苦行しても認めてくださらなかったのか」（イザヤ五八の三）と。あなたの祈りがなぜ答えられなかったのかという理由を、神はお与えになりました。あなたは、他の人々の中にその理由を見つけたと思い、彼らの欠陥を非難してきました。しかし、あなた自身の中に祈りが答えられなかった十分な理由があることを、わたしは示されました。あなたには、あなた自身の心を整えるための働きをしなければなりません。そしてあなたは、その働きを自分自身で始めなければならないことに気づく必要があります。あなたは、貧困者たちを圧迫し、彼らの必要を利用することによって、あなた自身に利益をもたらしてきました。資金に関しては、あなたはけちで不正な取り扱いをしてきました。あなたは、常にキリストの弟子の生涯の特徴であるべき、親切で、尊く、物惜しみしない精神を持ってはいませんでした。あなたは、雇われ人を賃金で圧迫してきました。あなたは、良心的で神を畏れ、貧しい身なりをして懸命に働く一人の人を見ました。しかしあなたは彼女を利用しました。なぜなら、あなたにはそれができたからです。彼女の欠乏に気づき理解することを怠ったこと、また、彼女に支払われたわずかな賃金は、キリストの聖徒の一人のうちにおられるイエスに対してなされたものとして、天にことごとく記されていることを、わたしは示されました。あなたがキリストの弟子たちの最も小さな者に対してしたということは、キリストに対してしたということです。あなたの家で仕えてきた人々に対するあなたのけちな行為を、天はことごとく見つめてきました。そしてそれは、悔い改められ、償われない限り、あなたに対して正確に記録されることでしょう。一つの邪悪な行いは、長年かけても取り消すことのできないほどの害を及ぼします。もし悪事を行う人が、その悪の広がりを見ることができるとすれば、彼の魂から苦悩の叫びが絞り出ることでしょう。あなたは、金銭に関して利己的です。K兄弟の場合、神のみ使いはあなたを指差し、「キリストの弟子であるこの最も小さい者の一人にしたのは、イエスご自身にしたことなのである」と言いました。

わたしが既に述べてきた事例がすべてではありません。天がわたしの前にそれらを表したように、あなたがこれらの事柄を見ることができれば、とわたしは願います。思いの中に悲しい欺瞞が存在しているのです。あなたが必要としているのは、キリストの宗教です。キリストは、ご自身を喜ばせるのではなく、他の人々を益するために生きました。あなたにはしなければならない働きがあります。神のみ前にあなたの心を低くする時を決して失ってはなりません。謙虚な告白によって、あなたのクリスチャン品性から染みを取り除きなさい。そうするときに、あなたは、多くの過ちを犯すことなく、他の人々の救いのために働くというこの厳粛なみ業に従事することができるのです。

神があなたに課されなかった働きに費やされたあなたの時間の合計は、どれほどでしたでしょうか。頭の中で考えたことを実際に経験すると、それらをぬぐい去るためには、多くの努力が求められます。魂は、暗黒、困惑、不信の中をさまよい、ある人々は決して回復しないでしょう。断食と熱心な祈り、心の深い探索、厳しい自己吟味によって、魂をむき出しにしなさい。例外を作らず、すべてを批判的に吟味しなさい。次いで、自我に死に、キリストと共に神のうちに隠されているあなたの命と共に、あなたの謙虚な願いをささげなさい。もしあなたが、心の中で不正を考えるならば、主はあなたの祈りをお聞きになりません。もし主があなたの祈りをお聞きになっていたら、あなたは高められてきたはずです。サタンは、彼が得てきた機会を大いに利用しようと備えて、傍らに立ってきました。

小事に忠実であることがわたしたちの生活の特徴であること、真の誠実さがわたしたちのすべての行動のしるしであること、そして、神の天使たちはすべての行動を知っていることをわたしたちが常に覚えることは、なんと重要なことでしょう。わたしたちが他の人々を量る秤によって、わたしたちもまた量られるのです。あなたがたが不正に、利己的に取引をしないように、神を畏れる思いを常に心に抱きなさい。わたしたちが貧しい者を虐げることによって得たよりもはるかに多くのものを、主は、病気と逆境によって、わたしたちから取り除かれるでしょう。正しい神は、わたしたちのすべての動機と行動とを真実に評価なさいます。

L兄姉のことを、わたしは示されました。世に対する愛が、真の信心をあまりにもひどく浸食し、思考力を麻痺させてきたので、真理は生活と品性とを改変させる影響力を失っています。世に対する愛は、他の人々の必要への同情と配慮に対して、彼らの心を閉ざしました。その精神が彼らを神から引き離してきたのです。兄弟姉妹よ、あなたがたは、世のくずの下から抜け出してこなければなりません。あなたがたは、あなたがたの世に対する愛、利己心、ひどく出し惜しみする心に打ち勝つために、熱心な努力をする必要があります。これらは、神の民を呪っている罪なのです。あなたがた――へ移転する前に住んでいた共同体を振り返るようにと、わたしは指摘されました。あなたがたはそこにおける商売において、閉鎖的で厳密であり、可能な時はいつでも、自分に優位になるようにしていました。わたしは、あなたがたの生活の中に、高貴な自己犠牲と物惜しみしない行動を見つけようと試みましたが、見つけることができませんでした。それらは非常にまれだったのです。あなたがたの光は、人々の前にそのように輝いてきたので、彼らはあなたがたやあなたがたの信仰に嫌悪感を抱きました。商取引におけるあなたがたの閉鎖性と詐欺《さぎ》的行為によって、真理が非難されてきました。神の助けによって、あなたがたが全貌を見ることができ、神が抱いておられるのと同じ、この悪に対する憎しみを持つことができるようにと祈ります。

あなたがたの善い業を見ることによって、他の人々が天におられる父なる神のみ名をたたえることができるように、あなたがたの光を輝かせてください。神は、あなたがたの振る舞いを不快に思ってこられました。なぜなら、それに利己主義の特徴が見られたからでした。神は、依然としてあなたがたの振る舞いに不快感をいだいておられ、あなたがたがこの偏狭な精神を振り払い、真理によって清められることを求めなければ、裁きにおいてあなたがたに対峙なさるでしょう。行いの伴わない信仰は、それだけでは死んだものです。信仰は、行いによってそれが正しいものとされなければ、決してあなたを救ってくれません。神は、あなたがたが善い業に富み、いつでも分け与え、すすんで人々と交際し、来たるべき時に対抗する立派な土台をあなたがた自身のために築き、蓄えるようにと求めておられます。永遠の命をしっかりとつかむことができるようになるためです。

あなたがたが、雇用人たちを賃金面で圧迫してきたことを、わたしは示されました。あなたがたは状況を利用して、最も低い賃金であなたがたの助け手を確保してきました。これは、神に喜ばれることではありませんでした。あなたがたは、あなたがたの助け手に、彼らが稼いだすべてのものを惜しみなく支払うべきでした。神はごらんになり、知っておられます。心を探られるお方は、思いや、心中の意図、目的をよくご存じです。このような方法であなたがたに獲得されたすべてのお金は、もし保有されておれば、逆境や苦難を通してまき散らされるでしょう。この世、この世、この世が、あなたがたにとって最優先事項でした。魂の救いは、従属的なものとなりました。おお、神がこれらの事柄をいかにごらんになっておられるかを、永遠の光の中であなたがたが見ることができますように。あなたがたが補償を終えてしまうまで、あなたがたは警告され、安息は得られないでしょう。

あなたがたは、健康改革についての光を持っていました。しかしあなたがたは、それを受け入れず、また実践しませんでした。あなたがたは、食欲を満足させ、あなたがたの息子に、彼が選ぶままに、いつでも、何でも食べさせることによって悲しい教訓を教えました。あなたがたの世に対する愛の中で、あなたがたは重圧を与える計画のもとに働き続けました。神のみ手は取り除かれ、あなたがたは自分自身の弱さの中に放置されました。あなたがたはそのとき、墓の寸前までよろめきながら進みましたが、それでもあなたがたは、神が多くの事柄から学ばせようとなさった教訓を学びませんでした。あなたがたは世に対する愛を持ち続けました。あなたの利益に対する利己的な愛、あなたの矮小《わいしょう》で閉鎖的な関係はなくなりませんでした。あなたがたが病気の時に世話をしてくれた人の同情心、親切な配慮、優しい気遣いを、あなたがたは感謝しませんでした。もしあなたがたが感謝の念を持っていたならば、それは、あなたがたに真実を尽くしてきた彼女に対して、不誠実な対応ではなく、物惜しみしない高貴な精神を表すよう、あなたがたを導いたはずでした。あなたがたは、貧者の面子《メンツ》をすり砕きました。あなたがたは、不正に取り扱ったのでした。「散らしてなお、加えられる人もあり、締めすぎて欠乏する者もある」（箴言一一の二四）。

これらの事柄がわたしの前に提示されたとき、サタンが、世に対する愛を通して心の目をくらますほどの力を持っていたので、クリスチャンだと公言する人々でさえ、神が生きておられるという事実、また、神の天使たちが人の子らのすべての行動を記録し、すべての卑劣な行為、すべての些細な取引が人生の記録簿に載せられているという事実を、忘れたか、または、それに関する感覚をすべて失っているように、わたしには思えました。履行されなかった義務、怠慢、利己主義、欺瞞、裏切り、詐欺《さぎ》的行為の記録という重荷を、毎日が背負っているのです。最後の審判を受けるために、悪行がなんと多く蓄積されていることでしょう。キリストがおいでになる時、その人のそれまでの業に応じて、すべての人に判決がくだされ、「主のかち得られたものは御もとに従い、主の働きの実りはみ前を進む」（イザヤ四〇の一〇）のです。その時、どのような事実が明らかになることでしょう。人生の行為が歴史のページの上に表示されるとき、一部の人々の顔に、なんという困惑が見られることでしょう。

「わたしの愛する兄弟たち、よく聞きなさい。神は世の貧しい人たちをあえて選んで、信仰に富ませ、ご自身を愛する者に約束された国を、受け継ぐ者となさったではありませんか。だが、あなたがたは、貧しい人を辱めた」「わたしの兄弟たち、自分は信仰を持っていると言う者がいても、行いが伴わなければ、何の役に立つでしょうか。そのような信仰が、彼を救うことができるでしょうか。もし、兄弟あるいは姉妹が、着る物もなく、その日の食べ物にも事欠いているとき、あなたがたのだれかが、彼らに、『安心して行きなさい。温まりなさい。満腹するまで食べなさい』と言うだけで、体に必要なものを何一つ与えないなら、何の役に立つでしょう。信仰もこれと同じです。行いが伴わないなら、信仰はそれだけでは死んだものです」（ヤコブ二の五、六、一四～一七）。

あなたは、真理のすべてを信じるかもしれません。しかし、もしその原則が生活において遂行されなければ、信仰の告白はあなたを救いません。サタンは、信じて震えているのです。彼は行動しています。彼は、自分の時が短いことを知っているので、信仰に基づいて悪業を行うために、大きな力を持って下って来たのです。しかし、神の民だと公言する者たちは、行動によって信仰を支持していないのです。彼らは、時の短いことを信じています。しかし、あたかもこの世界が千年後も今と同じようにあるかのごとく、この世の富を熱心につかんでいるのです。

利己主義が多くの人々の特徴です。「世の富を持ちながら、兄弟が必要な物に事欠くのを見て同情しない者があれば、どうして神の愛がそのような者の内にとどまるでしょう。子たちよ、言葉や口先だけではなく、行いをもって誠実に愛し合おう。これによって、わたしたちは自分が真理に属していることを知り、神のみ前で安心できます、心に責められることがあろうとも。神は、わたしたちの心よりも大きく、すべてをご存じだからです。愛する者たち、わたしたちは心に責められることがなければ、神のみ前で確信を持つことができ、神に願うことは何でもかなえられます。わたしたちが神の掟を守り、み心に適うことを行っているからです」（Ⅰヨハネ三の一七～二二）。

あなたがた自身から利己主義を剥《は》ぎ取り、永遠のための働きを徹底的に行いなさい。過去を贖《あがな》いなさい。そして、あなたがたが公言する神聖な真理を、これまで生活してきた場所でしてきたように、今住んでいる場所で主張してはなりません。あなたがたの善い業を見ることによって、他の人々が天におられるわたしたちの父なる神をほめたたえられるように、あなたがたの光を輝かしなさい。永遠の真理という高邁《こうまい》な舞台の上に立ちなさい。この世におけるあなたがたのすべての商取引を、神の言葉と厳密に一致するように整えなさい。

第13章　好戦性への非難

親愛なるM兄弟へ――であなたに会ったとき、わたしたちはあなたを助けたいと願っていました。けれども、あなたが必要としていた助けを受け入れないであろうことを、わたしたちは恐れました。わたしは、あなたがわたしたちの家に来て、わたしたちや他の親愛なる神の子らと交わるようにと提案しました。それによってこの終わりの時代の誘惑と危険に耐えるための強さを身につけるために、非常に重要な教えをあなたが学べるようにするためです。わたしは、あなたの顔の表情を見て、ある人の表情を思い出しました。主がわたしに示されたその人は、肉体を滅ぼすばかりではなく、その後永遠の破滅にまで導く強力な悪い習慣に勝つために戦ってきました。あなたは、既に勝利を得ました。しかし、あなたには、得なければならない大きな勝利が依然としてあります。あなたには、もしそれに勝利しなければ、あなた自身の幸福とあなたと交わっているすべての人の幸福を大いに損なうであろう、内面の敵と争わなければならない戦いがあるのです。

あなたの品性の悪い特徴は、克服されなければなりません。あなたは、神の特別な恵みがなければ自分はまったく無力であることを感じ、熱心で謙虚な神への祈りをもって、この働きを捉えなければなりません。真理への信仰は、あなたの人生において既に改革の働きをしてきました。しかしこの改革は、神の測定に適うためにどうしても必要なほど徹底的にはなされていません。あなたは真理を愛しています。しかしそれは、あなたの生活をより深く捉え、あなたの言葉とすべての振る舞いに影響を及ぼさなければなりません。あなたには学ぶべき大切な教えがあるので、それを学ぶ時間を決して失ってはなりません。あなたは、自制を学んできませんでした。この点において、あなたは特に勝利を得なければなりません。あなたの中には、平和よりも戦争の要素の方が、多く存在しています。あなたは、親切とクリスチャンの真の礼儀正しさを育てる必要があります。「兄弟愛をもって互いに愛し」(ローマ一二の一〇)、「何事も利己心や虚栄心からするのではなく、へりくだって、互いに相手を自分よりも優れた者と考え」（フィリピ二の三）なさい。

あなたの好戦性は大きく、機会さえあれば何にでも反駁《はんばく》する用意を整え、備えています。あなたは、自分の考えや見解を、他の人々のそれらにどれほど寄り添えるかを知ろうと努めず、可能な機会さえあれば、すぐにでも違うものにしようといつも構えています。この態度は、あなた自身の魂を傷つけ、あなたの霊的成長を遅らせ、あなたの親友となり得る人々を悲しませ傷つけるばかりではなく、ときには彼らに嫌悪の情を起こさせます。その結果、あなたとの交わりは快く楽しいものではなく、いらいらさせるものとなっています。他の人々の見解や意見が、あなたのものよりも劣っていると考えることは、あなたにとって呼吸と同じように自然なことです。この点において、あなたはしばしば大きな過ちを犯しています。なぜならば、あなたは、自分自身で評価しているほどの知恵や知識を持っていないからです。あなたはしばしば、あなたよりも長年の経験を持ち、あなたよりも指導や賢明な判断の言葉を与えるのにはるかにふさわしい人々に対して、自分自身の意見を高く掲げています。あなたは、これらの不快な攻撃に気づいていないので、それらが生じた病んだ苦い実を悟っていないのです。あなたは、長い間闘争と戦争の精神に耽ってきました。あなたの独特な考え方のせいで、あなたは自分と反対のものを大いに喜ぶようになったのです。

あなたの教育は悲しむべきものでした。それは、あなたが今体験している正しい宗教経験にとって、適したものではありませんでした。あなたが習ってきたほとんどすべてのものは、忘れてしまって、新しく学び直す必要があります。あなたは、性急な気質を持っていて、それがあなたの友人や聖なるみ使いらを悲しませ、あなた自身の魂を傷つけています。これは、真理の精神と真の清めとは正反対のものです。あなたは、話すことにおける慎み深さを育てなければなりません。自我は征服され、支配下に置かれなければなりません。クリスチャンは、最も悪く不信仰な者とでさえ、口論や論争の道を追求しません。まして真理を信じ、平和と愛と調和を求めている人々に対してこの精神にふけることは、いかに間違っていることでしょう。パウロは次のように述べています。「互いに平和に過ごしなさい」（Ｉテサロニケ五の一三）と。この争いの精神は、天のすべての原則に反しています。山上の説教において、キリストは、「平和を実現する人々は、幸いである、その人たちは神の子と呼ばれる」「柔和な人々は、幸いである、その人たちは地を受け継ぐ」(マタイ五の九、五)と述べておられます。神はあなたが学ぶようにと計画しておられる教訓をあなたが学ばない限り、あなたはどこに行っても、問題を起こすでしょう。あなたは、自分の意見を確信しすぎて、前へ前へと押し出すことを少なくし、素直に学ぶ人の精神を持つべきです。「怒りをおそくする者は勇士にまさり、自分の心を治める者は城を攻め取る者にまさる」「怒りをおそくする者は大いなる悟りがあり、気の短い者は愚かさをあらわす」(箴言一六の三二、一四の二九／口語訳)。ヤコブは述べています。「わたしの愛する兄弟たち、よくわきまえていなさい。だれでも、聞くのに早く、話すのに遅く、また怒るのに遅いようにしなさい。人の怒りは神の義を実現しないからです」(ヤコブ一の一九、二〇)。

自信は、経験に伴って育ちます。もしあなたが、神の事柄においてもっと十全な経験を持っていたならば、あなたがつけた実は悪い実であることに気づいたことでしょう。その実は、栄養分をまったく含んでおらず、それらを食べる人は皆苦く感じます。あなたは、尊大で独裁的なあなたの精神に打ち勝たなければなりません。わたしの親愛なる兄弟。わたしは、自身のうちにいる敵に直面する道徳的な勇気と、鉄の帯であなたを強く縛っていたような食欲と強力な悪習慣の敵と戦う不屈の精神があることを示してきたあなたに、早速行動に移し、勝利を得てほしいという強い希望を持っています。あなたは、向こう見ずな精神を持ち、だれ一人としてあなたのことを気にかける者はいないし、ほとんどすべての者はあなたの敵であり、あなたがどのようになろうとどうでもよいことだ、と感じてきました。

真理は、あなたを惨めにしました。あなたは、真理の中に、あなたを高め、あなたが持っていなかった力を与えることを示されました。あなたは、あなたの上に輝いた光をつかみました。もしあなたが、今、あなた自身を真理の影響力にまったく委ねるならば、それはあなたを完全に造り変え、清くし、不朽の命への総仕上げにあなたを備えさせるでしょう。あなたの品性には、多くの良い特徴があります。あなたは、物惜しみしない心を持っています。神は、あなたが正しい人、本当に正しい人になるように求めておられます。あなたは、命令されたり、指示されたりすることが嫌いです。あなたは、すべてのことを自分自身で命令してやりたいのです。しかし、あなたは、謙虚で、素直な精神を持たなければなりません。友好的で、忍耐深く、我慢強く、優しさと憐れみに富む者になりなさい。

わたしたちは、あなたに対する関心を抱き、あなたを助けたいと願っているのです。あなたが、これらの文章を正しい精神で受け入れ、これらをあなたの心と生活に適切に生かしてくださるようにと祈ります。

返答

ホワイト姉妹へ　昨日わたしが受け取った証を、わたしは非常に役立つ譴責《けんせき》と考えており、このことでわたしは、あなたに本当に感謝しています。わたしは、勝利者になることを真剣に望んでいます。わたしは、わたしがなすべき働きの大きさを十分に自覚しています。しかし、神の恵みに支えられて、わたしは征服者となり得ると、信じております。

第14章　教会の重荷の担い手

親愛なるN兄姉へ　一八六八年六月一二日、あなたがたに関するいくつかの事柄を、わたしは示されました。あなたがたは、なすべき働きがあるのに、それを見ておりません。あなたがたは、重荷の担い手となってはきませんでした。あなたがたは、神のみ業に、今よりも大きな関心を持つべきです。あなたがたは、世に対する愛によってすっかり目が見えなくなっているので、世があなたがたの上にいかに大きな影響を与えているかがわかっていないのです。あなたがたは、特別な責任の重荷があなたがたの上に置かれていることを感じていないし、この時代および遂行されるべき働きの重要性を認めてもいません。あなたがたは、眠っている人たちのようです。

一致は力です。教会の中に大きな弱さが存在しています。なぜならば、教会の中に、何の重荷も担わず、間違った方向に進む人たちが大勢いるからです。あなたがたは、キリストと共に働く人たちではありません。世の精神が、真理が与えるべき影響を、あなたがたの心から閉め出しているのです。

今こそすべての人々がみ業のために立ち上がり、滅びゆく魂の救いのために働く、生き生きとした人たちのように行動することが重要です。もし教会の中のすべての人々が、主を助けるために立ち上がるならば、わたしたちはこれまで見たことがなかったほどの主のみ業のリバイバルを見ることでしょう。神はこのことを、あなたがた、および、すべての教会員に要求しておられるのです。神の召命に従うことがあなたがたにとって最善であるかどうかを決めるのは、あなたがたではありません。服従は要求されています。ですから、あなたがたは従わなければ、あいまいな立場よりも悪い所に立つことになるでしょう。神の祝福によって恵まれていなければ、あなたがたは神の呪いを受けています。神は、あなたがたが喜んで従う人たちとなるように要求しておられ、土地の良いものを食べるようにと言っておられるのです。厳しい呪いの言葉が、主を助けるために来ない人々の上に宣告されています。「メロズを呪え、その住民を激しく呪え。彼らは主を助けに来なかった。勇士と共に主を助けに来なかった」（士師記五の二三）と。サタンと彼の天使たちは、野にいて、神の民が前進するすべての道を妨害するために働いています。それゆえに、すべての人の助けが要求されているのです。

N兄姉、不信者の友人たちは、あなたがたが自覚している以上にあなたがたに影響を及ぼしています。彼らは、あなたがたに何の力ももたらさず、暗黒と不信をもたらしています。あなたがたには、主のぶどう園における各自の働きがあります。あなたがたは、あまりにも多くあなたがた自身のことを考え、気遣ってきました。あなたがたの心を整え、そして熱心になってください。「主よ、あなたはわたしに何をせよとお望みですか」（使徒言行録九の六／英語欽定訳）と尋ねてください。神は、あなたがたが熱心に神を追い求めるように望んでおられます。神は、あなたがたが多くの実を生じることを妨げ、そのまま心の中にとどまっているすべてのものを見いだすために、あなたがたの心を熱心に探るようにと命じておられます。あなたがたが神のみ霊を持っていないのは、キリストの十字架を喜んで担わないからです。先の幻の中で、あなたがたが、この世に対する愛の力に欺かれていることを、わたしは示されました。この世の生活の気遣いと富の欺瞞がみ言葉を枯らせ、あなたがたは実を結ばなくなっているのです。神はわたしたちに、多くの実を結ぶようにと求めておられます。神は、命令を下すときには、それと共にそれを実行するための力を必ずくださいます。神は、み業においてわたしたちの仕事を行われることはありませんし、神の仕事をわたしたちが行うようにとも要求なさいません。わたしたちのうちに働いておられるのは神です。しかしわたしたちは、恐れおののきつつ、わたしたち自身の救いを達成するように努めなければなりません。「行いが伴わないなら、信仰はそれだけでは死んだものです」（ヤコブ二の一七）。信仰は、行いによって支えられなければなりません。働きを行う者たちが、神のみ前に義とされるのです。あなたがたは豊かに持っているのに、自分たちの貧困について語ることで、神を不快にさせています。あなたがたが持っているすべてのものは神のものです。しかし神は、あなたがたをしばらくの間その管理人とすることを適切なことだとして、あなたがたを試し、立証しておられるのです。あなたがたはいかにしてこのテストに耐えるでしょうか。神は、神ご自身のものを、高利で要求なさるでしょう。

さまざまな事業に対してなした寄付のことを考えるとき、その額を大きく感じていることでしょう。しかし、仮にそれより多くの寄付をしていたとしても、広い心を持ち、神の働きと貧しい人たちにささげていたとしても、それは必要最低限の義務を果たしたということであり、それゆえあなたがたはより大きな幸福を味わうことができたでしょう。主は、あなたがたの献げ物を祭壇のもとに携えて来るように、そしてそれをただ手元に置いておくのではなく、祭壇の上に置くようにと、あなたがたに求めておられるのです。祭壇は、献げ物が祭壇の上に置かれるときに初めてそれを聖別するのであって、置かれる前にするのではありません。

あなたがたは、神があなたがたに求めておられるほど、世から離れてはいません。しかし、あなたがたは危険に気づかず、また理解していません。あなたがたは、世に対する愛によって道を踏み外していません。あなたがたは二人とも、真理の泉からもっと多く飲む必要があります。あなたがたが、あなたがたの影響力と資力によって神を崇めることができる、今とは異なる状況にならなければ、神の呪いがあなたがたの上に臨むでしょう。あなたがたは集めるかもしれませんが、神は散らされるでしょう。あなたがたの健康は速やかにほとばしり出る代わりに、しおれた枝のようになるでしょう。主は、働き人たち――魂の救いのために働くことができ、その必要を感じる人たち、また、彼らが救われるためにどんなことでも犠牲にする人たち――を求めておられます。あなたがたに代わってこの働きをすることができる人は誰もいません。ほかの人々の献げ物は、たとえどんなに惜しみなくささげられたものであっても、あなたがたの献げ物の代わりとなることはできません。あなたがたがしなければならないことは、神への献身であって、それはあなたがたに代わって他の誰かができるものではありません。サタンがあなたがたの足もとに置いた多くの罠《わな》をうまくかわさせてくれるものは、力強い信仰を通して働く聖霊の力だけです。あなたがたの贖い主のみ言葉と模範は、あなたがたの心の光となり、力となるでしょう。もしあなたがたが彼に従い、彼を信頼するならば、彼はあなたがたを滅びるままになさいません。あなたがたは、神を愛さず、神に仕えていない人々を不快にすることを、あまりにも恐れ過ぎています。なぜあなたがたは、主の敵との友情を守り、彼らの意見に影響されることを願うのですか。「世の友となることが、神の敵となることだとは知らないのか」(ヤコブ四の四)。もし心が正しければ、もっと断固として世から分離することでしょう。

もしすべての人々がこの働きの必要を感じ、主を助けるために立ち上がっていたならば、主は、昨年の春、この地域において大いなる善き業をなし終えていたことでしょう。そこには一致した行動がありませんでした。すべての人々は、働きの必要を感じておらず、心からそれに従事せず、すべてを神にささげていませんでした。あなたがたが問題を抱えて困惑し、暗黒の霧があなたがたを覆っているのを、わたしは示されました。あなたがたは疑問を抱いていて、あなたがた自身が力を受ける立場にも、それを他の人々に分け与える立場にもいませんでした。今は厳粛で恐るべき時です。今は偶像を心に抱く時ではなく、ベリアルと一致したり、世との友情を持つ余地などありません。神が受け入れられ、ご自身のために清められるすべての人々は、聖別されて神にささげられている人たちであり、神への奉仕において、勤勉で忠実な人となるように求められています。霊の建物における「生きた石」（Iペトロ二の四）を構成するものは、形だけの信心でもなければ、教会員名簿に名前を載せることでもありません。魂を神に結びつけるものは、知識と真の清めにおいて新しくされ、世に対してはりつけにされ、キリストのうちに生きることです。キリストの弟子たちには、めざす一つの目的、一つの大きな働きがあります。それは、彼らの隣人たちの救いです。他のすべての関心事は、この目的よりも低い位置に置かれるべきです。この目的のために、最大の熱心さで努力し、最大の関心を抱くべきです。

神はまず、心と愛情とを要求なさいます。神は、神に従う者たちに、心を尽くし、魂を尽くし、力を尽くして、神を愛し、神に仕えるようにと求められます。

神の掟と恵みはわたしたちの必要に適応していて、これらがなければ、わたしたちは何をしても救われることはできません。受け入れられる服従を神は要求なさるのです。どのような献げ物や奉仕も、心が伴わなければ受け入れられません。意志は、支配されなければなりません。主はあなたがたに、主に対する徹底的な献身と、世の精神と影響力からの徹底的な分離を要求しておられるのです。

「しかし、あなたがたは、選ばれた民、王の系統を引く祭司、聖なる国民、神のものとなった民です。それは、あなたがたを暗闇の中から驚くべき光の中へと招き入れてくださった方の力ある業を、あなたがたが広く伝えるためなのです」（Iペトロ二の九）。キリストは、あなたがたが彼の弟子となるように、彼の自己犠牲と自己否定の生活を真似るように、堕落した人類の贖いという大きな事業に関心を持つようにと、お召しになりました。あなたがたは、神が遂行するようにと要求しておられる働きについての正しい感覚を持っていません。キリストが、あなたがたの模範です。その中であなたがたに欠けているものは、愛です。この純粋で聖なる原則こそ、クリスチャンの品性と行為を、世の人々のそれと区別するものなのです。神の愛は、強力な清めの影響力を持っています。それは、新しくされた心の中にのみ見いだされるもので、彼らの隣人たちに向かって自然に流れ出ています。「わたしがあなたがたを愛したように、互いに愛し合いなさい」と主は言われます。「友のために自分の命を捨てること、これ以上に大きな愛はない」（ヨハネ一五の一二、一三）。キリストは、純粋で、公平無私な愛の模範をわたしたちにお与えになりました。あなたがたは、この点におけるあなたがたの欠陥、および、この天来の功績を大いに必要としていることにまだ気づいていません。あなたがたのすべての良い目的も、あなたがたの熱意も、また、その熱意によって、たとえ貧しい人たちを養うために自分たちの品物を与え、自分たちの体を焼かれるために与えることができたとしても、愛がなければ無に等しいのです。あなたがたには、忍耐強く、すぐに怒らず、すべてを忍び、すべてを信じ、すべてを望み、すべてに耐える愛が必要なのです。愛の精神がなければ、だれもキリストに似る者となることはできません。魂の中にこの生きている原則を持っていれば、だれも世と同じようになることはできません。

クリスチャンの行為は、彼らの主の行為に似ています。主は標準を設けられました。わたしたちがそれに倣うかどうかは、わたしたち次第です。わたしたちの主なる救い主は、わたしたちを悲惨さから救い、ご自身に似る者となさるために、ご自身の支配、富、栄光を捨てて、わたしたちを探し求められました。主は、わたしたちが主に学び、寛大で自己犠牲的な生活を真似て、天に至るまで一歩一歩従うことができるように、自らへりくだってわたしたちの性質をおとりになりました。あなたがたは、主と同等のことを成し遂げることはできませんが、あなたがたの能力に応じて、それに似せて同じようにすることはできます。「心を尽くし、精神を尽くし、力を尽くし、思いを尽くして、あなたの神である主を愛しなさい、また、隣人を自分のように愛しなさい」（ルカ一〇の二七）。それによってあなたがたが一人の魂に影響を与えてキリストの奉仕に従事するようになるため、この世の富と誉れをいつでも与える備えをするには、このような愛があなたがたの心の中に宿らなければなりません。

神は、信仰という一つの手によって神の力強い腕をつかみ、愛というもう一方の手を滅びゆく魂に差し伸べるように、と命じておられます。キリストは、道であり、真理であり、命です。彼に従いなさい。肉にではなく、霊に従って歩きなさい。彼が歩まれたように、歩みなさい。これが神のご意志であり、あなたがたを清くする道なのです。あなたがたが遂行すべき働きは、神の栄光のためにあなたがたの生活を支えてくださる神のご意志を行うことです。もしあなたがたが自分自身のために働くならば、何の益をも得ることはできません。他の人々の益のために働き、自分で自分の世話をすることを少なくし、神にすべてをささげるためにもっと熱心になるならば、神に受け入れられ、神の豊かな恵みが戻ってくるでしょう。

神はあなたがたに、ただ単に自分たち自身を見守り、世話をする権利を割り当てられませんでした。あなたがたは、他の人々に仕え、他の人々を見守るように要求されているのです。これを実行することによって、あなたがたは、あなたがたの品性にある矯正を必要とするこれらの悪を明らかに示すようになり、強化される必要のある弱点が強くされるでしょう。これが、クリスチャンの完全に到達するために、わたしたちがせっかちに、いらだって、嫌々ながらではなく、快活に、喜んで遂行すべき働きの一部なのです。わたしたちの中から、完全に合致できないすべてのものを除去することが、キリストに真似ることではありません。あなたがたは、神の誉れのために大いに熱心になるべきです。今あなたがたの進むべき道ではない所において、あなたがたは、いかに慎重に歩かなければならないことでしょう。もしあなたがたが、清い天使たちがその明るい洞察力のある目であなたがたを凝視し、いかにクリスチャンが主の栄光をたたえているかを記録するために見守っているのを見ることができるならば、あるいは、もしあなたがたが、悪い天使たちがすべての歪《ゆが》められた道をたどり、聖句を冒瀆《ぼうとく》したかたちで引用して、あなたがたが従うと公言していながらそこから逸脱したこの聖句と実生活とを比較して大喜びし、冷笑しながら勝ち誇るのを見ることができるならば、あなたがたは驚き、不安になることでしょう。雄々しいクリスチャンをつくるためには、全身全霊を投入しなければなりません。おお、わたしたちはなんと盲目で、近視眼的な生き物なのでしょう。わたしたちは神聖な事柄をなんとわずかしか認識していないことでしょう。神の栄光の富をいかにかすかにしか理解していないことでしょう。

わたしは、あなたがたの思いの上に一つのことを印象づけたいと願っています。あなたがたには、あなたがたと密接に結びついているサタンの特別な仲介者たちがいます。そしてそれらの力と影響は、あなたがたの上に明白な効果を現しています。なぜならば、あなたがたが、力に勝っている天使たちの特別な助けを確保できるくらいに、神のみもとに留まっていないからです。あなたがたの主の敵とあなたがたとの結びつきが、全体的にあまりにも強力なので、あなたがたは自分たちが信仰の難破を招く危険の中にいることに気づいていないのです。もしあなたがたが、わずかでもサタンの誘惑を促すならば、あなたがたは彼の戦場に身を置くことになり、その時、サタンに勝利なさったイエスのみ名による勝利を得るまでの戦闘は、長く厳しいものとなるでしょう。

サタンは、非常に有利な立場に立っています。彼は、天使のすばらしい知力を持ち、それについて適切な理解をしている人はほとんどいません。サタンは、彼の力を自覚していました。そうでなければ、彼は、力ある神、永遠の父、および平和の君との戦いに従事しなかったことでしょう。サタンは、出来事を注意深く見守り、神の真理に対し特別に強く反対する精神を持っている者を見つけると、その者の心の中にサタン自身の座を一層堅固にするために、その者にいまだ成就されていない出来事を啓示することさえするでしょう。宇宙をそのみ手のうちに保っておられるお方との戦いに挑戦することを躊躇《ちゅうちょ》しなかった彼は、迫害し欺くほどの激しい敵意を持っているのです。彼は、現代において人類を罠《わな》の中に捉えているのです。およそ六千年に及ぶ彼の経験の間、彼は、その技能と抜け目のなさを一つも失ってきませんでした。この全期間を通じて、彼は、わたしたち人類に関するすべての出来事を詳細に見る観察者でした。

神の真理に激しく反対してきた者たちを、サタンは彼の仲介者として用います。このような者たちに対し、彼は偽りの人の姿で別人の服装をして現れます。それは仲介者の友人であるかもしれません。彼は、この友人の言葉を使い、今まさに起ころうとしている状況、あるいは、本当に起こったことで、それについてその仲介者が何も知らなかったことを述べることで、彼らの信頼を増すでしょう。ときには、死や事故の前に、彼は夢、または別人の姿をとって仲介者と会話をし、彼の提案によって知識を与えることさえします。しかしこれは、下からの知恵であって、上からの知恵ではありません。サタンによって教えられる知恵は、真理に反しています。そうでない場合は、彼の目的を果たすために、彼は天使たちを包んでいる光のようなもので彼自身を覆います。ある部類の人々に対して、彼は、キリストの弟子たちが真理だと信じている事柄の一部を是認して近づきます。その一方で彼は、他の部分を、危険で致命的な間違いとして拒否するようにと、彼らに警告します。

サタンは、腕利きの職人です。彼はその極悪非道な知恵を用いて、立派に成功をおさめます。彼は、自分たち自身の魂に反対して神の勧告を拒んでいる人々を教えるために備え、実際に教えることができます。彼が見つけてきた餌は、魂を彼の網の中に連れて来て、それらを地獄のような手でしっかりと握るのに役立ちます。彼は、可能なすべての良いものを着て、できる限り魅力的にします。このようにして陥れられたすべての者たちは、恐ろしい費用を払って、その結末が致命的となる欺瞞のために、天国と不朽の命を売ることの愚かさを学ぶのです。わたしたちの敵である悪魔は、知恵と力を無益にはしません。彼は「ほえたける獅子のように、だれかを食い尽くそうと探し回っています」（Ｉペトロ五の八）。彼は、「あらゆる偽りの奇跡としるしと不思議な業とを行い、そして、あらゆる不義を用いて、滅びていく人々を欺くのです。彼らが滅びるのは、自分たちの救いとなる真理を愛そうとしなかったからです」。彼らが真理を拒んだので、「神は彼らに惑わす力を送られ、その人たちは偽りを信じるようになります。こうして、真理を信じないで不義を喜んでいた者は皆、裁かれるのです」（Ⅱテサロニケ二の九～一二）。わたしたちには、戦うべき強力で欺瞞に満ちた敵がいます。わたしたちの唯一の安全は、この大欺瞞者をご自身の口から出る霊で焼きつくし、その来臨の輝きで滅ぼされる、来たるべきお方の中に存在するのです。

わたしは、神を畏れる思いを持って、以上のことをあなたがたに勧め、死の状態から起き上がるようにとあなたがたに懇願します。そうすれば、キリストはあなたがたに命をお与えになります。

第15章　若者の思い上がり

親愛なるO姉妹へ　わたしは――を離れる前に、あなたと少しお話しする時を持ちたいと願っていましたが、多くの事柄によって、妨げられました。あなたの宗教的経験に関して言えば、この手紙があなたのやり方を特別に変えるかもしれないという大きな希望的感情を持たずに、わたしは書いています。

わたしは、あなたに関してこれまで非常に悲しい思いをしてきました。――で開催された集会において、わたしは一般的原則に考えを集中し、あなたの宗教的生活を変える効果が期待された一つの証を述べることによって、多くの人々の心に到達したいと思いました。証、第十二の中で与えられたように、わたしは若者の危険に関して書こうとしました。あの見解は、ロチェスターにおいて与えられました。その場所で、あなたは子ども時代からずっと間違ったことを教えられてきたことを、わたしは示されました。あなたの親たちは、あなたが生来のクリスチャンであると考えていて、そのことをあなたが聞こえるところで語ってきました。あなたの姉妹たちは、あなたを清めるというよりも、偶像崇拝的に愛してきました。あなたの親たちは、子どもたちに対する清められていない愛を持っていたので、子どもたちの欠点が見えなくなっていました。ときには、彼らの欠点がどういうわけか感じられたときは、話は違いました。しかし、あなたの永遠の関心事が危機にさらされるまで、あなたは甘やかされ、ほめられてきました。

あなたは自分自身を知らないことを、わたしは示されました。あなたは霊的な功績に関することで、あなたを欺瞞の中にしっかりと固定させている自己愛を持っています。時々あなたは、何か神のみ霊の影響力のようなものを感じてきました。しかし、心を新しくすることによる変革については、あなたは何も知りませんでした。「あなたがたはこの世に倣ってはなりません。むしろ、心を新たにして自分を変えていただき、何が神のみ心であるか、何が善いことで、神に喜ばれ、また完全なことであるかをわきまえるようになりなさい」（ローマ一二の二）。あなたはこの経験を持ってきませんでした。それゆえに、錨《いかり》がないのです。あなたはこれまでの人生でずっと、生来のクリスチャンだと言われてきましたが、あなたはクリスチャンではないのです。神による受容からはるかに遠い所にいながら、あなたは、自分は大丈夫だと思い込んできました。この欺瞞は、あなたの成長と共に大きくなり、あなたの力と共に強化され、あなたの破滅を保証すると脅しています。あなたの親たちは子どもたちに気を配ってきましたので、もし子どもたちから、自分たちが軽視されているといううわさを聞くと、彼らは直ちに関心を持ち、駆り立てられ、子どもたちに同情して、彼らの霊的成長を直に阻害してきました。

あなたとP姉妹は、大いに思い上がってきました。それは神の日において麦の切り株のようになるでしょう。自己愛と思い上がり、服装と外観に関する誇りが幅を利かせてきました。自己中心主義が、あなたがたを善から引き離してきました。あなたがた二人は、真心から回心し、心を完全に一新し、徹底的な改変をしなければなりません。そうしなければ、あなたがたには、神の国に住むべき場所はないでしょう。あなたがたの容姿、美貌《びぼう》、衣服は、あなたがたを神の特別な待遇にはしません。偉大なる「わたしはあるという者」が目を留められるのは、道徳的価値です。キリストから離れて、真の品性は存在しませんし、み霊による謙遜、同情心、真の神聖さの清めの恵みがなければ、態度や振る舞いの真の完全さは存在しないのです。

あなたの影響や模範によって、複数の魂が失われることを、わたしは示されました。あなたは、光と特権とを持ってきました。ですからあなたは彼らのために責任を取らなければならないでしょう。あなたは生来宗教的でも献身的でもありません。そうではなく、あなたの思いを宗教的な事柄に向けておくためには、特別な努力をしなければならないのです。あなたの自我は目立っています。あなたの自尊心は非常に大きいのです。しかし、天は道徳的価値をごらんになること、そして、品性が高貴で価値あるものとされるのは、柔和で平静な精神の装飾品という内面の飾りで、それは、神の目に大きな価値があることを覚えてください。高価な衣装、外面の飾り、人間的な魅力、これらすべては、柔和と平静な精神というこの価値ある目標と比べるならば、ことごとく無意味なものとなってしまいます。自分自身の快楽と満足に対するあなたの愛、あなたの聖別と献身の欠如は、多くの人々にとって有害でした。背信した人々を、あなたは益することができませんでした。あなたの生活が、一般の世俗の人たちのようであったからでした。

――を訪ねる人々は、あなたや、経験に基づいた宗教を享受していない他の若者たちから、宗教には現実味がないという印象を受けて帰っていきます。思い上がりが、彼らのうちに強化されています。目立つことを喜ぶ心や、軽率さや快楽を愛する心が増し、神聖な事柄は認識されていません。彼らは、自分たちが今まであまりにも良心的で、あまりにも几帳面だったとの印象を受けています。なぜなら、もしこの大いなるみ業の中心部に生活している人々が、たびたび提示されている厳粛な真理によって、少しも影響されていないとすれば、なぜ自分たちがそれほど几帳面に生活する必要があるのでしょうか。自分たちより長く――で暮らしている人々が、自分たちを喜ばせることを目標にしているように見えるのに、自分たちはそれを恐れる必要があるのでしょうか。――にいる若者たちの影響は、彼らの名が知られているところならどこにでも広がっていて、彼らの献身的でない生活は評判になっています。そして、誤った方向において、あなた以上に多くの影響を与えてきた人は他におりません。あなたは、これまであなたの職業の名を汚し、真理の惨めな代表者でした。真実な証人であるお方が言われます。「わたしはあなたの行いを知っている。あなたは、冷たくもなく熱くもない。むしろ、冷たいか熱いか、どちらかであってほしい。熱くも冷たくもなく、なまぬるいので、わたしはあなたを口から吐き出そうとしている」(黙示録三の一五、一六)。もしあなたが冷たければ、あなたが回心する希望がいくらかあるでしょう。しかし、キリストの義の代わりに、自己愛が覆っている所では、欺瞞は非常に見えにくいし、捨て難く、問題の解決はいちばん難しいのです。このような人たちよりは、回心していない、不信心な罪人の方が有利な状況に立っています。

あなたは、罪人に対するつまずきの石です。あなたの献身の欠如は際立っています。あなたはキリストのもとに集める代わりに、キリストから散らしているのです。もし神が、わたしがあなたの自己愛の衣を引き裂くのを助けてくださるならば、わたしはあなたがこれからの時を贖い、模範的な生活を送ることができるという希望を持つことができるでしょう。あなたは、よく眠りから目覚めてきましたが、それと同じくらいの回数、何もしない自己愛の元の状態に沈み帰って行きました。生きているというのは名ばかりで、死んでいるのです。あなたの思い上がりは、あなたの滅びとなる脅威です。この点に関して神は、あなたに語ってこられました。もしあなたが、何らの改革もしなければ、苦難があなたのもとにやって来て、あなたが神のみ手のもとに心を低くするまで、喜びは重圧に変わるでしょう。あなたの祈りを、神はお受け入れになりません。それが、思い上がりと利己主義に満たされた心から発せられているからです。わたしの親愛なる姉妹、あなたはむなしいのです．あなたはこれまで目的のない人生を送ってきました。その間、もしあなたが謙遜で、他の人々を祝福するために生きてきたのであれば、あなた自身にとっても、またあなたの周りのすべての人々にとっても、あなたは祝福の源となっていたでしょう。あなたの両親と姉妹たちが、あなたの現在の姿――そのままでは神に受け入れられず、そのままでは神の日に焼き尽くす火のための刈り株となる姿――を形成するために果たした行いを神が赦してくださいますように、と祈ります。

事務所で働いている人々の中に存在している利己主義の精神に関して、ある人々が、あたかも普通の企業に従事しているかのように、単に俸給のために働いていることがわたしに示された時、あなたがた二人も、そのような人たちの中にいました。あなたがたは二人とも、利己的で、自分で自分の面倒を見ているだけでした。あなたの心配の種は、あなた自身を喜ばせることであり、より高額の俸給を得ることでした。この精神はかなり広がっていて、事務所を呪ってきましたし、天はその精神に眉をひそめています。多くの人々は、金銭を手に入れるためにあまりにも熱心でした。これは皆間違っています。世の精神が入り込み、キリストは閉め出されてきました。神の民を神が憐れんでくださいますように。そして、あなたが回心に導かれますようにとわたしは願っています。

あなたは軽薄な精神を持っていて、あなたの会話は、空疎で、くだらないものでした。イエスが話題になることの、なんと少なかったことでしょう。彼の贖いの愛は、感謝と賛美、および、彼のみ名と彼の不変の自己犠牲の愛を称賛する表現を誘発しませんでした。何があなたの会話の主題となってきたでしょうか。どのような思いが、最も大きな喜びと共に宿ってきたでしょうか。事実、イエスと彼の犠牲の生活、彼のすばらしく高貴な恵み、あなたのために彼が大きな愛によって得た贖いなどは、あなたの思想の中にはほとんど見当たらず、くだらない事柄があなたの思いを占めている、と言い得ます。あなた自身を喜ばせること、つまり生活の中であなたを楽しませてくれるものを遂行すること、これが心の重荷なのです。わたしは、あなたがキリストと共に復活させられると公言しなければよかったのにと思います。なぜなら、あなたは要求に従ってこなかったからです。「さて、あなたがたは、キリストと共に復活させられたのですから、上にあるものを求めなさい。そこでは、キリストが神の右の座に着いておられます。上にあるものに心を留め、地上のものに心を引かれないようにしなさい。あなたがたは死んだのであって、あなたがたの命は、キリストと共に神の内に隠されているのです」（コロサイ三の一～三）。

自分自身に問いかけてみてください。霊感を受けた使徒によってここに述べられている要求に、わたしは従ってきただろうか。世に対してわたしは死んでおり、わたしの命はキリストと共に神のうちに隠されていると、わたしの生活によって立証してきたであろうか。わたしはキリストの内に隠されているだろうか。必要な時にはいつでもわたしと共にいて助けてくださる、と約束なさったお方から、命を維持するのに必要な物や支援を引き出しているだろうか。あなたは、形式的には宗教を持っていますが、あなたの弱さ、あなたの堕落状態、あなたの生来の無価値さについては別に自覚していません。

「生来のクリスチャン！」この欺瞞的な考えが、自己愛の衣として多くの人々に使われてきましたし、キリストと、彼の経験、彼の試練、彼の自己否定と自己犠牲の生涯についての経験的知識を持っていない多くの人々を、キリストにある仮想の希望へと導いてきたのでした。彼らが大いに頼りにしている彼らの義は、ただ汚れた衣に過ぎません。愛する教師、キリストは言われます。「わたしの後に従いたい者は、自分を捨て、自分の十字架を背負って、わたしに従いなさい」（マルコ八の三四）。良い評判の中だけではなく、悪い評判の中でも彼に従いなさい。最も貧しい人や友のない人の友となることによって、彼に従いなさい。己を忘れて、他の人々に善を行うために自己否定と自己犠牲の行いに豊かになることによって、また、ののしられても、ののしり返さず、堕落した人類のために愛と同情を示すことによって、彼に従いなさい。彼は、ご自分の命を大事なものとは思わず、わたしたちすべての者のために命をお与えになりました。卑しい飼い葉桶から十字架に至るまで、彼の模範に従いなさい。もし彼の弟子になりたければ、十字架を取り、蔑まれた十字架を取って、彼に従いなさい、とあなたに告げておられます。あなたはその杯を飲むことができますか。あなたは同じバプテスマを受けることができますか。

あなたの行動は、あなたがキリストとは関係のない人であることを証しています。「泉の同じ穴から、甘い水と苦い水がわき出るでしょうか。わたしの兄弟たち、いちじくの木がオリーブの実を結び、ぶどうの木がいちじくの実を結ぶことができるでしょうか。塩水が甘い水を作ることもできません。あなたがたの中で、知恵があり分別があるのはだれか。その人は、知恵にふさわしい柔和な行いを、立派な生き方によって示しなさい。しかし、あなたがたは、内心ねたみ深く利己的であるなら、自慢したり、真理に逆らってうそをついたりしてはなりません。そのような知恵は、上から出たものではなく、地上のもの、この世のもの、悪魔から出たものです。ねたみや利己心のあるところには、混乱やあらゆる悪い行いがあるからです。上から出た知恵は、何よりもまず、純真で、さらに、温和で、優しく、従順なものです。憐れみと良い実に満ちています。偏見はなく、偽善的でもありません。義の実は、平和を実現する人たちによって、平和のうちに蒔かれるのです」（ヤコブ三の一一～一八）。

　ここに、命の活力によって歩いてきた人が、変化――死によって表されるほど顕著な変化――と出会ったという著しい証拠である実が列挙されています。生きている活動的な命から死へ。なんと印象的な姿でしょう。ここでだれもだまされてはいけません。もしこの変化をあなたがまだ経験していないのなら、安心してはいけません。心を尽くして主を求めなさい。これをあなたの生活におけるいちばん重要な仕事としなさい。

　神がいるようにと求め、それができるようにと十分な備えをしてくださった立場にいる人は、その人生において行えたかもしれない善について報告しなければなりません。しかし、あなたは地上で神の栄光を現し、あなたの周りにいる魂を救ってきませんでした。なぜならあなたは、キリストがあなたのために備えてくださったあの恵みと力、知恵と知識をうまく用いてこなかったからです。あなたは、キリストのご意志を知っていましたが、それを実行しませんでした。あなたがた二人の中で非常に明らかな改革がなされなければなりません。そうでなければあなたがたは、イエスからの、「忠実な良い僕だ。よくやった」（マタイ二五の二一）というお言葉を決して耳にすることはないでしょう。

　六月一二日の夕べ、前述のことを教会に向けて読んだ後、あなたが不注意で、思い上がり、利己的で、魂の救いに無関心である間、死がその働きを行っていることを、わたしは示されました。一人また一人とあなたを離れ、墓に向かって進んでいます。あなたの社交の場に集った人々へのあなたの影響は、何だったのでしょうか。魂をキリストに導くために、何が語られ、何が行われてきたでしょうか。あなたはすべての義務を、時が良くても悪くても、即刻行ってきましたか。あなたの社交の集まりにおいてあなたが交わってきた人々、特に、あなたの影響下に置かれ、キリストなしに死んで行った人々と、あなたは神の法廷において会う備えができていますか。あなたの服のすそは、彼らの血に対して潔白であると言えるように備えていますか。

Qさんの事例について述べましょう。良い家庭環境に囲まれ、良いクリスチャン品性を育てるあらゆる好機を持っていながら、魂に対する何の重荷も感じてこなかったあなたに、彼女からの何の非難も降ってこないでしょうか。思い上がり、虚栄、快楽への愛は、あなたによって促され、さらにあなたは、あなたの信仰告白を汚し、サタンによって激しく揺さぶられ打ちのめされてきたこの哀れな魂を、真理の現実性とクリスチャンの宗教の真実性を疑うように導くという役割を果たしてきたのです。

他の若者たちと同様の、あなたの軽薄な会話は、嫌悪の情を起こさせるものでした。あなたが思い浮かべるものの中には、高貴で高尚なものは何一つ存在しませんでした。それは普通の気軽な会話やうわさ話、愚かで空疎な笑い、しゃれや冗談でした。天使たちは、あなたが繰り返し何度も行ってきた浮かれ騒ぎを記録しました。あなたには最も厳粛な訴えがなされましたし、非難され、譴責《けんせき》され、警告されてもきましたが、それでもあなたは今、他の若者たちよりももっととがめられなければなりません。あなたは、真理について長い経験と、大きな知識を持ってきました。あなたは、――――にいちばん長く住んでいる人でした。あなたは、真理を信じ、キリストに従うと告白した最初の人たちの中にいました。従って、あなたの空疎で思い上がった振る舞いは、あの場所にいる若者たちの経験の形成に、他のだれよりも大きな影響を与えてきたのでした。真理に回心してきた人々を、あなたはいわば、手をとって世と結びつけてきたのでした。

大きな責任が、あなたと、あなたの思い上がりと悪行をほのめかしてきたあなたの両親の上に置かれています。譴責された時、両親はあなたに同情し、自分たちは譴責が不必要だと考えていることをあなたにわからせようとしました。O姉妹、あなたは、あなた自身がりりしい人だと考えてきました。あなたの両親は、あなたを不必要にほめてきました。あなたは、未信者たちとの交際を求めてきました。あなたが信仰を告白していることは良いことでしょう。それに対し、あなたの行いは、思慮深く慎ましい女性というにはふさわしくありません。しかし、あなたが告白しているのが柔和で謙遜なキリストに対する信仰だということを考えると、あなたは自分の行いでその告白すら汚してしまったのです。

おお、わたしの姉妹よ、これらの店員たちが、あなたが身にまとっているうわべの中身を見ることができないとでも考えたのですか。彼らはあなたの美貌にすっかり心を奪われているので、心の中にあるものを見て、あなたの実質のない本当の品性を読み取ることができないとでも考えたのですか。あなたがR姉妹の店から借りた飾りを頭の上に置き、あたかも展示会のように、これらの店員たちの前に登場した時、これが気づかれなかったとでもあなたは考えたのですか。神の天使たちがそこにいて、彼らの清い目があなたの思想、心の動機と目的を読み取り、すべての行動を認識し、あなたの軽薄な真の品性を正確に記述していたことを、あなたは忘れたのでしょうか。あなたの虚栄心を満たして、あなたをうっとりとさせた店員とのおしゃべりに熱中していたとき、もしあなたが鏡の前に立つことができたならば、あなたを観察し、あなたの大変愚かなショーを笑っていた人々の間に、何かの身振りをしている人や、ひそひそ話をする人がいるのを見たことでしょう。あなたは、真理のみ業に染みをつけていたのです。あなたが外に出た直後、もしあなたがあの店に気づかれずに入ることができて、良識で許される限り長くそこに居残って、会話を聞くことができたとすれば、あなたはそれまで考えてもみなかったような事柄を学んだことでしょう。あなたは、軽薄な店員によってさえ、自分がどのように見られていたかを知って、傷つき、謙虚にさせられたことでしょう。面と向かってあなたをほめていたその人が、あなたのむなしい振る舞いに対する彼の仲間たちの笑いとあざけりに加わっていたのでした。

あなたは、――――において善のために影響を与え、あなたの贖い主の誉れを現していたかもしれません。しかし、その代わりに、あなたはこびへつらう店員たちや若輩者たちのうわさの種になってきました。この不適当な振る舞いは、非常に大勢の人々の目に留まっていました。これらの矛盾に気づいてきた人々は、たとえ彼らが未信者であり、口ではあなたを軽蔑しているといっても、心の中ではあなたを尊敬しているのです。あなたは、S姉妹の足跡に従い、あなたの両親が目を覚まし、あなたの愚行に対して彼らの目を開かない限り、両親はあなたの罪責を共有することになるでしょう。両親とあなたの姉妹たちは、あなたの思い上がりを育て、虚栄心をおだて上げてきたことに対して、罪に定められています。もしあなたとあなたの姉妹たちが救われた状態にいたならば、あなたがたは皆、救われていない人々の危険な状態を感じたことでしょう。大きな変化があなたがたのうちに起こらない限り、あなたがたは、多くの人々の唇から次のような言葉が語られるのを聞くでしょう。「わたしは、これらのクリスチャンたちと交わってきましたが、彼らはわたしの危険について一度も話してくれませんでした。彼らは一度もわたしに警告してくれませんでした。もしわたしが失われる危険の中にいたのであれば、わたしが自分の失われた状態を見るために目を覚ますまでは、彼らは昼も夜も安心することはなかったと思います。今、わたしは失われています。もしわたしが、彼らの立場にいたとして、今のわたしと同じような状況にいる人を見たとすれば、彼らの状態を自覚させ、彼らを救うことができる唯一のお方を彼らに指し示すまでは、わたしは安心できなかったことでしょう」。あなたがたが、キリストの僕たちであると公言してきたとき、あなたがたは、実はサタンのお気に入りの立派な僕だったのです。

O姉妹、あなたは、自分が受けてきた好意的意見によって、あまりにも有頂天になっていたので、観察者たちがあなたの浅薄な品性に下した評価を、正しい感覚で受け取ってこなかったのです。彼らは、あなたを浮気女だと見なしていますし、あなたがこの評判を得るのも当然です。次の使徒の勧告に従った方が、はるかにあなたの役に立ったことでしょう。「あなたがたの装いは、……外面的なものであってはなりません。むしろそれは、柔和でしとやかな気立てという朽ちないもので飾られた、内面的な人柄であるべきです。このような装いこそ、神のみ前でまことに価値があるのです」（Ⅰペトロ三の三、四）。

あなたの両親は、子どもたちの教育において、大変な失敗をしました。彼らは子どもたちが重荷から解放されることを許しましたが、その重荷を負うことは彼らにとって非常に重要なことでした。彼らは楽をすることを選んだので、彼らは朝の最も心地良い時間をうとうとしながらベッドで過ごすことが許されました。その間、彼らの寛大な両親は起きて、生活の重荷で忙しくしていました。これらの子どもたちは、彼らの性質に抵抗し、彼ら自身の願望と戦うことを学んできませんでした。彼らは、困難に耐えることを学んできませんでした。彼らは、家庭の重荷から大いに解放されていて、これが彼らの損害となってきました。彼らは、自己否定や自己犠牲の行為を、一度も学んだことがありませんでした。彼らは、自分たちの好みに合わない役割に自身を適応させようとはしませんでした。彼らの教育には、大きな欠陥があります。しかし思い上がり――虚栄心が強くて、自慢癖のある思い上がり――だけは、その心に満ち満ちています。O姉妹は、仲間の人たちよりも自分の方が優れているので、彼らは自分の注目や親切に値しないと考えていました。そればかりではなく、彼女は、他の人々の願望や便宜や必要性に関わりなく、自分が思うままに事を運ぶ頑固さを持っています。彼女の性質は、不幸なものです。それは、完全に打ち勝たなければ、彼女の行く手を暗くし、彼女の親友たちの人生に苦々しい思いをさせる多くの影を生じさせるでしょう。

第16章　教会内の俗っぽさ

——にいる親愛なる兄弟姉妹たちへ　一八六八年六月一二日、世への愛が神への愛に大部分取って代わったことを、わたしは示されました。あなたがたは世的な繁栄には好都合な、すばらしい国に住んでいます。このことは、地上に宝を積むことによって、あなたがたの関心事をこの世に飲み込ませる、絶えざる危険の中にあなたがたを置いているのです。あなたの宝があるところに、あなたの心もあるからです。絶えず蓄積を続けながら、世の中にだんだん深く沈められる誘惑がある所に、あなたがたは住んでいるのです。あなたがたがこのようにこの世に深く関与しているとき、あなたはこの世の煩いにあまりにも心を奪われ、真の信心深さは閉め出されてしまいます。しかし、富の欺瞞性をほとんどの人が悟っていません。金銭を獲得することを切望する人々は、この一事にあまりにも熱中するあまり、キリストの宗教を二次的な事柄にしてしまっています。霊的な事柄は重きを置かれず、従って追求されません。なぜならば、獲得欲が天の宝を隠しているからです。もし永遠の命というものが、クリスチャンであると公言している人々によって示される熱意、忍耐、熱心さによって測られるとすれば、それは地上の財産の半分の価値もないでしょう。この地の事物を獲得するためになされる熱心な努力を、霊性と天の宝を獲得するための、気力に欠け、弱々しく、不十分な努力と比較してください。わたしたちが、天の聖所から輝き出る影響をほんのわずかしか経験しないのは当然のことです。わたしたちの願望は、あの方向には向けられていません。それらは、ほとんど地上の事柄の追求に限られ、世の事柄を求め、永遠の事柄は疎かにされているのです。繁栄が、目を盲目にし、魂を欺いています。神が語られることがあっても、地の廃物が神のみ声が聞こえないように妨害しているのです。

わたしたちの年配の父であるT兄弟は、彼の愛情をこの地上の事柄の上に置いています。それらが取り除かれ、天に向かって成熟すべき年齢であるにもかかわらず、です。彼が今生きている命を、神のみ子を信じる信仰によって生きるべきです。彼の愛情は、より良いみ国の上にあるべきです。彼は、地上の滅びゆく宝に対する関心を少なくし、その一方で、最高の結果をもたらす永遠の事柄に、彼の全精力を傾けるべきです。彼の猶予期間の日々は、ほとんど終わりかけています。神にささげられる時間は、なんとわずかしか残っていないことでしょう。彼の力は弱まり、彼の知力は衰え、どんなに頑張ったとしても、大きな奉仕はできないでしょう。しかしもし真心から、残らずすべてをささげるならば、それらすべては受け入れられるのです。T兄弟、あなたは年とともに、自己中心の気持ちが増え、この哀れな世の宝に対する堅固で熱烈な愛も増加したのです。

T姉妹はこの世を愛しています。彼女は生来利己的です。彼女は、身体的疾患で大変苦しんできました。神は、この苦難が彼女に臨むのをお許しになりましたが、サタンが彼女の命を取るのはお許しになりません。神は苦難の炉を用いて、地上の宝を固く握りしめている彼女の手を緩めるように計画なさいました。苦難を通してのみ、これがなされるのです。彼女は、薬によって体の組織が毒されてきた人々の一人なのです。薬の摂取によって、彼女は知らず知らずのうちに、現在のような姿になりました。しかし、神は、彼女の命が取られるのをお許しにならず、彼女の猶予と苦難の年を長くして、彼女が真理によって聖別され、清められ、白く、また信頼に足るようにされ、苦難の炉を通ることによって不純物が取り除かれ、純金よりも、さらにオフィルの黄金よりも得難いものとなるようにされました。この世に対する愛が、この兄弟と姉妹の心の中にあまりにも深く根付いてきたので、それを取り除くために厳しい試練が要求されます。親愛なる兄弟姉妹、あなたがたは神に対する献身を欠いています。あなたがたは、世的な事柄に関して気も狂わんばかりです。世は、あなたの思いを世と一致させる力を持っています。その一方で、霊的なことや天の事柄は、思いを改変するほど十分な重みを担ってはいないのです。

キリストの弟子であると公言している——にいるあなたがたは、なぜキリストに従わないのですか。あなたがたはなぜ、不運な出来事によって容易に取り除かれてしまう地上の宝を獲得するためにこのような狂気を示し、不朽で尽きない宝である天の富を疎かにしているのですか。

U兄弟の妻の問題を、わたしは示されました。彼女は、正しいことを行う願望は持っていますが、ある欠点があり、それで彼女自身および彼女の友人たちに多くの問題を起こしています。彼女はおしゃべりが過ぎるのです。彼女は、神の事柄についての経験に欠けていますので、思いを新たにすることによって回心し改変しない限り、終わりの時の危機の真中に立つことはできないでしょう。心の働きが必要とされています。それがなされれば、舌は清められるでしょう。罪深く、避けなければならないことが多く語られています。彼女は、唇の入り口の前に、厳格な見張り番を置き、彼女の言葉が悪事を働かないように、彼女の舌を、馬に轡《くつわ》と手綱をつけたかのように制御しなければなりません。彼女は、他の人々の欠点を語ったり、他の人たちの特異性を強調したり、他の人たちの弱点を発見したりすることをやめるべきです。このような会話は、だれであってもとがめられるべきです。それは、無益であり、とても罪深いものです。それは、悪にのみ傾いています。敵は、もしこの振る舞いを、キリストの弟子であると公言する人たちが続けると、彼が働くための戸が開かれることになることを知っているのです。

　おしゃべりをするために姉妹たちが集っているときには、通常サタンもそこに出席していることをわたしは示されました。なぜならば、彼はそこで勤め口を見つけるからです。彼は、傍らに立って思いを刺激し、彼が得たものを最も有効に利用するのです。こういった噂話や告げ口、秘密を明かすこと、性格を分析することなどは皆、魂を神から引き離すことを、サタンは知っているのです。それは、霊性や落ち着きのある宗教的影響にとっての死なのです。U姉妹は、彼女の舌で大いに罪を犯しています。彼女は、その舌によって善のための影響力を持つべきなのですが、しばしば出まかせに話します。ときには、彼女の言葉は、物事に本来の意味とは異なった解釈を与えます。ときには、誇張があります。それに、誤った陳述もあります。最初から誤って述べる意図はないのですが、話し過ぎたり、役に立たない事柄について話す習慣があまりにも長い間身に付いてきたので、彼女は自分の言葉に不注意で、無頓着になってしまい、しばしば、自分で何を話しているのかわからなくなっているのです。これは、彼女が持っているかもしれないいかなる善への影響力も無効にしているのです。この点に関して十全な改革がなされるときです。もし彼女がこの罪深い話し方にふけることがなかったならば、彼女の付き合いは、本来受けるべき評価を受けられたことでしょう。

　クリスチャンは、言葉に注意深くなければなりません。クリスチャンは決して、一人の友人についての不利な噂をもう一人の友人に告げるべきではありません。特に、もしその二人の友人が一致を欠いていることを知っている場合はなおさらです。他の人たちが無知であるその友人について、多くのことを知っているかのように、ほのめかしたり、におわせたりすることは残酷です。そのようなほのめかしは、話が大きく伝えられ、誇張しないで率直に事実を述べた場合より不利な印象を作り出すものです。このようなことによって、キリストの教会は害をこうむらないことがあるでしょうか。教会員のこのような矛盾した不注意な行為を通して、教会は水のように力を失ってしまいました。教会の信用は、そのような教会員によって裏切られてしまいました。しかし過ちを犯した人たちは、悪意をもってそのようなことを企んだのではありませんでした。会話の主題を選ぶのに思慮を欠いたために、大きな害を及ぼしたのです。会話は霊的で宗教的な事柄についてなされるべきであるのに、現状はそうではありません。もしもクリスチャンの友人との交際が主として知性や心情を高めるために用いられるなら、後悔するようなこともなく、あとで振り返ってみても、気持ちのよい満足を経験することでしょう。軽薄な言葉やむなしいおしゃべりに時間を費やし、また他人の生活や品性の批評をすることに貴重な時間を用いるならば、友だち同士のつき合いは悪の源となり、あなたの感化は死に至る死の香りとなってしまうでしょう。

あなたの教会の中にいる人のうち、わたしに示されたすべての人をはっきりと思い出すことはできませんが、多くの人々に、遂行すべき大きな働きがあることをわたしは示されました。ほとんどの人々は、あまりにも多くを語り、瞑想と祈りがあまりにも少ないのです。多くの人々は、あまりにも自己中心です。思いは自己に向けられ、他の人々の善には向けられていません。サタンの力が、あなたがたに対してかなりふるわれています。しかし、あなたがたの間には貴重な光や、神のご意志に従って歩もうと求めている人々も存在しているのです。思い上がりと世に対する愛は、霊性と恵みにおける成長にとって、非常に大きな妨げとなる罠《わな》です。

この世は、クリスチャンの天国ではなく、わたしたちが聖なる天のみ国において罪のない天使たちと一つになるためにふさわしくされる、神の作業場に過ぎません。わたしたちは、心を高貴で無私の思いに向けるように絶えず訓練しなければなりません。この教育は、神のみ名が地上で最善に崇められるように、わたしたちが神に与えられた力を行使できるようにするために必要なのです。わたしたちは、神が与えられたすべての高貴な特質に対して責任があります。従って、これらの能力を神が計画なさらなかった用途に用いることは、神に対する卑劣な忘恩を示すことになるのです。神への奉仕は、わたしたちの人格のすべての力を要求しています。これらの力を高度に洗練させ、知性を天の事柄を瞑想することを愛するように教育し、魂の精力を、神の栄光のために働く正しい行動によって強化し高貴なものにしない限り、わたしたちは、神の計画を果たすことはできません。

信心を公言している女性たちは、概して、知性を訓練していません。彼らはそれを制御しないで、望むままに進むのを放置しています。これは大きな間違いです。多くの人々は、知的な力を持っていないようです。彼らは、考えるように心を教育してきませんでした。今までこれを行ってこなかったので、彼らはそれができないものだと思い込んでいるのです。瞑想と祈りは、恵みにおける成長にとって必要です。女性たちの間に安定性が欠けているのは、知的教養が非常に少なく、熟考することが非常に少ないからです。彼らは、知性を不活動の状態にしたままで、計画し、思考し、頭脳労働を他の人々に頼っています。このようにしてよりいっそう無能になっていくのです。ある人たちは、訓練によって思考力を鍛える必要があります。彼らは、知性を用いて強いて考えるようにすべきです。困難を解決するために、自分たちに代わる誰かが考えてくれることに依存し、考えることで知性に負担をかけることを拒んでいる間は、記憶し、将来を見て識別する能力に欠ける状態は続くでしょう。思考力を育てるための努力は、一人ひとりによってなされなければなりません。

V兄弟は、もっと多くの霊性を求めるべきであることを、わたしは示されました。あなたは、神が求めておられる神への落ち着いた信頼心を持っていません。あなたは、霊性の通路を走れるように知性を訓練していません。あなたは、あまりにも無駄で不必要な話に耽っていて、それが、あなた自身の魂を損ない、あなたの影響力を害しているのです。あなたは、心の平静さと不屈の精神を育てなければなりません。あなたは、すぐに興奮します。つまり、あなたは、強い感情を持っていて、好き嫌いを強い言葉で表現するのです。あなたは、あなたを落ち着かせる影響力を持つ、良い信仰心がもっと必要なのです。あなたは、柔和で謙遜なキリストから学ぶようにと招かれてきました。なんと貴重な学びでしょう。もし良く学べば、それは人生のすべてを改変するでしょう。軽薄さと安っぽい話題は、あなたの霊的成長にとって有害です。あなたは、品性の完成を追求すべきです。そして、あなたの言葉と行動による影響力に神を語らせましょう。あなたは、熱心に主を求め、真理の深い泉からもっと多く飲む必要があります。その影響力にあなたの生活を清めてもらうためです。あなたの思いは、あまりにも多くこの世に向けられています。あなたは、今ある命よりより優れた命に関心を向けるべきです。あなたには、失ってもよい時間はありません。猶予のわずかな時間のうちに、急いで改善してください。

あなたの妻は、思い上がりと利己心が非常に強い人です。神は、彼女の品性からこれらの染みを取り除くために、彼女に苦難の炉の中を通らせてこられました。彼女は、苦難の火が彼女にとって無駄にならないように、注意しなければなりません。それは、かすを除去し、彼女を神により近づけ、彼女をより霊的にするはずです。彼女のこの世への愛は死なねばなりません。自己愛は征服され、彼女の意志は、神のご意志に呑み込まれなければなりません。

この世への愛が、かなりの割合でイエスを教会から閉め出してきたことを、わたしは示されました。神は変化を求めておられます。それは、すべての人が神に身をゆだねることです。知力は、宗教的主題に集中するように教育されなければ、この方向において弱く力のないものとなるでしょう。しかし、世的な事業に集中している間、強くなります。なぜならば、それはこの方向において育まれ、訓練によって強化されてきたからです。男女が宗教的生活を送ることが非常に難しい理由は、彼らが知力を、信心に向かって働かせないからです。それは、反対の方向に走るように訓練されているのです。知力が、霊的知識を得るために、また、信心の神秘を理解することを求めて絶えず用いられない限り、永遠の事物を理解することはできません。なぜならば、それは、この方向における何の経験も持っていないからです。これが、ほとんどすべての人々が、主に仕えることが骨の折れる仕事だと考える理由なのです。

心を二つに分けて、主として世の事柄に集中し、わずかばかり神の事柄に心を向けても、霊的力の特別な増加はあり得ません。世的な事業は、思考力の大部分を独占し、その力の行使を求めています。それゆえに、この方向において、関心と愛情をますます強く求める権力と力が存在します。その一方で、神にささげる力の蓄えは一層少なくなっていくのです。祈りが知力の特別な活動でないときは、魂が養われることは不可能です。家庭内や公の祈りだけでは不十分です。密室での祈りが非常に重要です。独りでいるとき、魂は神の検査の目の前に裸で置かれていて、すべての動機は詳細に調査されます。密室の祈りのいかに貴重なことでしょう。魂が神と対話しているのです。密室での祈りは、祈りをお聞きくださる神によってのみ聞かれるべきです。詮索好きな耳が、このような嘆願の重荷を聞くようなことがあってはなりません。密室での祈りの中では、魂は、周囲の影響力から解放され、興奮から自由になっています。平静に、しかし熱心に、魂は神に近づこうと努力するでしょう。密室の祈りは、しばしば歪《ゆが》められます。その最も大事な目的は、大声を出して祈ることで失われます。神に対する平静で無言の信頼と信仰、低く謙虚な調子の中で注ぎ出される魂の代わりに、声の調子が大きくなって興奮が激しくなります。こうして密室の祈りは、その心を鎮める神聖な影響力を失います。そこには感情の嵐、言葉の嵐が吹き荒れ、秘かに真心を込めて献身するときに魂に語りかける細く小さな声を認識することを不可能にしています。適切に行われる密室の祈りは、大きな善を生み出します。しかし、全家族や隣人に対して公にささげられる祈りは、たとえそのように思われていても、実は密室の祈りではなく、そこからは神の力は受けられません。優しさと不変性は、秘かなうちにごらんになり、心の中から湧き上がって来る祈りに答えるために、その耳をそばだてておられるお方から発散される影響力でしょう。穏やかで単純な信仰によって、魂は神との交わりを持ち、サタンとの戦いに耐えるために魂を強め支える神の光を自らのうちに集めます。神は、わたしたちの力の塔です。

イエスはわたしたちに次の言葉を残されました。「だから、目を覚ましていなさい。いつ家の主人が帰って来るのか、夕方か、夜中か、鶏の鳴くころか、明け方か、あなたがたには分からないからである。主人が突然帰って来て、あなたがたが眠っているのを見つけるかもしれない。あなたがたに言うことは、すべての人に言うのだ。目を覚ましていなさい」（マルコ一三の三五～三七）。わたしたちは、朝をもたらすためにお帰りになる主が、突然お帰りになってもわたしたちが寝ているのをごらんにならないように、そのお帰りを待ち、目を覚ましているのです。ここで言及されているのは、いつのことなのでしょうか。キリストが、人々が寝ているのを見いだすのは、天の雲に乗って出現なさる時ではありません。そうではなく、天の至聖所における奉仕から主がお帰りになる時、すなわち、主が彼の祭司の衣を脱ぎ、復讐の衣を身にまとい、次の指令を発せられる時を指しているのです。「不正を行う者には、なお不正を行わせ、汚れた者は、なお汚れるままにしておけ。正しい者には、なお正しいことを行わせ、聖なる者は、なお聖なる者とならせよ」（黙示録二二の一一）。

イエスが、人々のための訴えを終える時、すべての問題は永久に決定されます。これは、主の弟子たちを確認する時です。彼らの主をお迎えすることを待望する者にふさわしくされる聖潔と神聖の備えを怠ってきた人々にとっては、太陽は、陰鬱《いんうつ》と暗黒のうちに沈み、再び上ってはきません。恵みの猶予の期間は終わり、天におけるキリストの執りなしも終わります。この時は、遂に突然すべての人々の上に臨みます。そして、真理に従うことによって魂を清めることを怠ってきた人々は、眠っているのを見つけられます。彼らは、待つことと、目を覚ましていることに疲れました。彼らは主の来臨に関して無関心になってきたのでした。彼らは、主の出現を熱望しませんでしたし、このように継続的に忍耐しながら目を覚ましている必要はない、と考えました。彼らは、かつて期待が応えられずに失望しましたし、再びそれを経験するかもしれません。彼らは、目を覚ますにはまだ時間がある、と結論づけました。彼らは、地上の宝を確保する機会を失ってはならないと確信しました。この世からできる限りのものを得ておいた方が安全だと考えたのです。このようにして、この目的のものを確保することによって彼らは、主の出現についてのすべての心配事と関心を失いました。彼らは、あたかも主の来臨はまだ遠い先のことであるかのように考えて、無関心で不注意になりました。しかし、彼らの関心が、彼らの世的な獲得物で埋められている間に、天の聖所における働きは終わり、彼らは備えができなかったのでした。

　もしこのような人たちが、天の聖所におけるキリストの働きがすぐに終わることを知ってさえおれば、どんなに異なった行動をし、どんなに熱心に目を覚ましてきたことでしょう。このすべてを予測して主は、彼らに目を覚ませと命じられることによって、時期に適った警告を彼らに与えておられるのです。主は、その来臨が突然であることを明らかに述べておられます。わたしたちが一瞬の備えもおろそかにしないように、また、主がお帰りになるとわたしたちが考えている時に目を向け、わたしたちの怠慢によって備えを延ばすことがないように、主は、時間を測ってはおられません。「だから、目を覚ましていなさい。……あなたがたには分からないからである」（マルコ一三の三五）。しかし、この予告された終末の不確実性と突然性も、わたしたちを愚かさから熱心に目を覚ました状態へと興奮させ、わたしたちが待ち望んでいる主のためにわたしたちを覚醒させることはできないのです。待っていることと目を覚ましていることを見つけられなかった人々は、最後には、自分たちの不忠実さの中で驚きます。主が来られる時、彼らは直ちに主に向かって開かれるような備えはできておらず、逆に世的な眠りに閉じ込められていて、最後には失われます。

上述された人とは対照的な一団の人々が、わたしの前に提示されました。彼らは待ち続け、目を覚ましていた人たちでした。彼らの目は上方に向けられていて、主のお言葉が、その唇にありました。「あなたがたに言うことは、すべての人に言うのだ。目を覚ましていなさい」「だから、目を覚ましていなさい。いつ家の主人が帰って来るのか、夕方か、夜中か、鶏の鳴くころか、明け方か、あなたがたには分からないからである。主人が突然帰って来て、あなたがたが眠っているのを見つけるかもしれない」（マルコ一三の三七、三五、三六）。主は、最後の朝が明ける前の遅延を公表しておられます。しかし主は、彼らを疲れたままに放置なさいませんし、彼らが熱心に目を覚ましていることを止めさせもしません。なぜならば、その朝は、彼らが期待しているほど早くは明けないからです。待っている人たちは、天を仰いでいる人たちとして、わたしに提示されました。彼らは、次のような言葉を繰り返すことによって、互いに励まし合っていました。「第一と第二の見張りは過ぎました。わたしたちは、第三の見張りの中にいて、主のご帰還を待ち、そのために目を覚ましています。今は、見張りの期間はもうわずかしか残っていません」。わたしは、ある人たちが疲れてきているのを見ました。彼らの目は下方に向けられていて、地上の事柄に心を奪われ、忠実に目を覚ましていませんでした。彼らは、次のように言っていました。「最初の見張りの時にわたしたちは、わたしたちの主を期待しました。しかし、失望させられました。わたしたちは、主は第二の見張りの時には確実においでになると思いました。しかし、その時は過ぎ去り、主はおいでになりませんでした。わたしたちは、再び失望させられるかもしれません。わたしたちは、それほど厳格である必要はありません。主は、次の見張りの時にもおいでにならないかもしれません。わたしたちは、第三の見張りの中にいます。今わたしたちは、欠乏しないために、地上にわたしたちの宝を積むことが最善であると考えます」。多くの人々は、この世の生活の煩いで麻痺してしまい、待ち、目を覚ましている立場から、富の欺瞞性にそそのかされて、眠っていたのでした。

疲れてはいるものの忠実に目を覚ましている人たちが、彼らの兄弟たちが見張りの仕事から逸れ、世の煩いに酔い、世の繁栄に欺かれたために二倍になった労苦と苦難に、あまりにもひどく試みられ、沈み込むことがないように、彼らの様子に非常に大きな関心をもって目を留めている天使たちが、わたしの前に提示されました。これらの天使たちは、かつては目を覚ましていた人たちが、その怠慢と不忠実さによって、待望し目を覚まし続けるために熱心に忍耐し努力している人たちの試練と重荷を増していることを悲しみました。

地上の持ち物を増やすため、世の煩いに愛情と関心を奪われ、同時に、わたしたちの救い主が命じられたように、待ち、目を覚ましている態度をとることは不可能であることを、わたしは示されました。天使は次のように言いました。「彼らは一つの世界にしかいられません。天の宝を得るためには、彼らは地上の宝を犠牲にしなければなりません。彼らは、両方の世界を手に入れることはできません」。サタンの欺瞞の罠《わな》から逃れるために、忠実に目を覚ましている状態を継続することがいかに必要であるかを、わたしは示されました。サタンは、待ち、目を覚ましているべき人々が、世に向かって一歩進むように導いています。彼らは、それ以上進む気はありませんが、イエスから彼らを離したその一歩が、次の一歩を踏み出しやすくさせ、こうして、世に向かって次々と歩を重ね、最後には、彼らと世との相違点は、クリスチャンという名前を公言しているかどうかだけになってしまうのです。彼らは、神のものとなった聖なる特性を失ってしまい、彼らを、周りにいる世を愛する者たちと区別するものは、彼らの公言以外何もないことになるのです。

わたしは、過去において次々に起こった見張りを見ました。これが理由で、警戒を欠くことも仕方のないことでしょうか。断じてそうであってはなりません。絶えず目を覚まして見張る必要性が、より大きくなっているのです。なぜならば、最初の見張りが過ぎる前よりも、今は時が少なくなっているからです。今は、待つ期間は、最初よりも必然的に短くなっています。もし最初の時に、わたしたちが警戒を衰えさせないで見張っていたならば、第二の見張りにおいては、その二倍の用心深さがいかに必要であることでしょう。第二の見張りが過ぎて、わたしたちは第三の見張りの時にやって来ました。今や、わたしたちの用心深さを衰えさせる言い訳はありません。第三の見張りは、三倍の熱心さを要求します。今短気になることは、わたしたちのこれまでの、熱心に忍耐深く見張っていたことをすべて失うことになるのです。暗鬱《うつ》な長い夜はつらいものです。しかし朝は、憐れみによって延期されているのです。なぜならば、もし主人が来たとしても、非常に多くの人々が、用意ができていないからです。神の民が滅びるのを神が喜ばれないことが、これほど長く遅延している理由なのです。しかし、忠実な者にとっての朝が来ること、そして、不忠実な者にとっての夜が来ることは、わたしたちの双肩にかかっています。待ち、目を覚ましていることによって、神の民は、自分たちの特性と世から離れた者であることを表明すべきです。わたしたちは目を覚ましていることによって、自分たちが、この地上ではまさに寄留者であり、巡礼者であることを示すべきです。世を愛する人々と、キリストを愛する人々との違いは、あまりにも歴然としているので、間違われることはありません。世の人々は、地上の宝を確保するために熱心さと野心で満たされる一方、神の民は世と一つにならず、熱心に目を覚まして待つことによって、自分たちが造り変えられた者であること、その故郷はこの世にはなく、天にあるより優れた国を求めていることを示すのです。

わたしの親愛なる兄弟姉妹。あなたがたがこれらの言葉を、十分に考えないまま見過ごしにしないようにとわたしは望みます。ガリラヤの人々が天を見つめながら、天に昇っておられる救い主を一目でも見られないかと立っていた時、救い主のご臨在を失った彼らを慰めるために遣わされた、二人の白い服を着た人の姿をした天使が彼らのそばに立って、次のように尋ねました。「ガリラヤの人たち、なぜ天を見上げて立っているのか。あなたがたから離れて天に上げられたイエスは、天に行かれるのをあなたがたが見たのと同じ有様で、またおいでになる」（使徒言行録一の一一）。

神は、神の民が彼らの目を天にじっと向けて、わたしたちの主であり、救い主であるイエス・キリストの栄光の出現を待ち望むようにと、願っておられます。世の人々の注意がさまざまな事業に向けられている一方、わたしたちの注意は天に向けられるべきです。わたしたちは信仰の手を遠くへ遠くへと、天の宝の輝く神秘に向かって伸ばし、天の聖所から尊い神の光を引き出して、その光がイエスの顔で輝くのと同様に、私たちの心の中で輝くようにしなければなりません。あざける者たちは、待ち、目を覚ましている人たちを嘲笑して尋ねます。「彼の来臨の約束は、どこにあるのか。あなたがたは、失望させられたではないか。さあ、われわれの仲間になりなさい。そうすれば、あなたがたは世の事柄で繁栄するだろう。大いにお金を手に入れて、世の栄誉を獲得しなさい」。待っている人々は、上を眺めて答えます。「わたしたちは目を覚ましているのです」。それから、地上の楽しみや世の誉れ、また富の欺瞞性に背を向けることで、彼らは自分たちの立場を示しました。目を覚ましていることによって、彼らは強くなります。彼らは、怠慢と利己心と安逸を愛する心に打ち勝ちます。苦難の炎が彼らの上に燃え上がり、待っている時間は長く感じられます。彼らは、ときには悲しみ、信仰はたじろぎます。しかし彼らは、再び呼び集め、恐れと疑いに勝利します。そして、目を天に向けたままで、彼らの敵に向かって言います。「わたしは、目を覚ましています。わたしは、主のお帰りを待っています。わたしは、苦しい試練、苦難、必要の中にいることを誇りに思うでしょう」

わたしたちの主の願いは、わたしたちが目を覚まして、彼がおいでになって戸を叩かれるとき、わたしたちが直ちに彼に向かって戸を開くことです。主は目を覚ましている僕たちに対し、祝福を述べられます。「主人は帯を締めて、この僕たちを食事の席に着かせ、そばに来て給仕してくれる」（ルカ一二の三七）。この終末時代にいるわたしたちの中のだれが、食事の席の主人から、このような特別な栄誉を受けるでしょうか。わたしたちは、彼に向かって直ちに戸を開き、彼をお迎えできるように、遅れることなく備えているでしょうか。心して常に、目を覚ましていなさい。ほとんどの人々が、目を覚まし待つことを止めてしまいました。わたしたちは、彼に向かって直ちに戸を開く備えをしていません。世への愛がわたしたちの思いをあまりにも占有してしまったので、わたしたちの目は、上方にではなく、下方のこの世に向けられています。わたしたちは、さまざまな事業に情熱と熱心さをもって従事し、忙しく動き回っています。しかし、神は忘れられ、天の宝は評価されていません。わたしたちは、待ち、目を覚ましている姿勢をとっていません。世への愛と富の欺瞞性が、わたしたちの信仰を凌駕《りょうが》し、その結果、わたしたちは、救い主の出現を待望せず、愛してもいません。わたしたちは、自分の世話を自分自身で、あまりにも一生懸命にしようとしています。わたしたちは不安定で、神に対する堅固な信頼に大いに欠落しています。多くの人々は、欠乏に苦しまないようにと心配し、働き、企て、計画します。彼らは、祈りや宗教的集会に出席する時間を取ることができず、自分自身の世話で心がいっぱいで、神が彼らの世話のために働かれる機会を残しません。主は、彼らのために多くのことをなさいません。彼らが主に機会を与えないからです。彼らは、自分自身のために多くをしすぎて、神を信じ、信頼することがあまりにも少ないのです。

主が突然おいでになったとき、眠っているのを見られないように、常に目を覚まして祈るよう主から命じられた人々を、世への愛がしっかりとつかんでいます。「世も世にあるものも、愛してはいけません。世を愛する人がいれば、御父への愛はその人の内にありません。なぜなら、すべて世にあるもの、肉の欲、目の欲、生活のおごりは、御父から出ないで、世から出るからです。世も世にある欲も、過ぎ去って行きます。しかし、神のみ心を行う人は永遠に生き続けます」（Ｉヨハネ二の一五～一七）。

現代の真理を信じると公言する神の民が、待ち、目を覚ましていないことを、わたしはこれまで示されてきました。彼らは、富を増やし、地上に宝を蓄積しています。彼らは世の事柄に富むようになっていますが、神に対して富んではいません。彼らは時の短さを信じていません。彼らは、万物の終わりが間近に迫っており、キリストが戸口に立っておられることを信じていません。彼らは、多くの信仰を公言するかもしれません。しかし、彼らは自身の魂を欺いているのです。なぜなら、彼らは本当に持っている信仰を、すべて行動に表しているからです。彼らの行為は、彼らの信仰の特徴を示し、周囲の人々に対して、キリストの来臨はこの世代にはあり得ない、と立証しているのです。彼らはその信仰に従って行動します。彼らの備えは、この世に留まるようになされているのです。彼らは、家に家を加え、土地に土地を加えています。彼らは、この世の市民なのです。

金持ちの食卓から落ちる物で腹を満たしている貧しいラザロの状態の方が、信仰を公言しているこれらの人々の状態よりも、ましです。もし彼らが真正な信仰を持っているならば、彼らの宝を地上に増やさずにそれらを売り払い、地上の厄介な物から彼ら自身を解放して、目の前にある宝を天に移すでしょう。そうすれば、彼らの関心と心は天にあるでしょう。人の心は、その人の最大の宝がある場所にあるからです。真理を信じていると公言する大部分の人々は、彼らが最も大切にしている物はこの世にあることを立証しているのです。このために彼らは、心を使い、心配で心を弱らせ、労しているのです。宝を維持し、増やすことが、彼らの人生の研究課題なのです。彼らは、ほんのわずかしか天に移しておらず、天の宝の中に、ほんの少しの蓄えしかないので、彼らの思いは、すばらしいあのみ国に特に惹かれないのです。彼らは、この地の事業に大きな蓄えを持っているので、これらの投資が、ちょうど磁石のように、彼らの思いを天の不朽のものから地上の朽ちゆくものへと、引き寄せているのです。「あなたの富のあるところに、あなたの心もあるのだ」（マタイ六の二一）。

利己心が、多くの人々を鉄の帯で縛るように縛っています。「わたしの農場だ」「わたしの財産だ」「わたしの商売だ」「わたしの商品だ」という思いが幅をきかせているのです。人類に共通する主張でさえ、彼らには無視されます。主の出現を待望し、愛していると公言している男女は、自我に閉じ込められています。彼らは、高貴な人、神聖な人を放棄しました。世への愛、肉の欲、目の欲、生活のおごりが彼らを縛りつけているので、彼らは目が見えないのです。彼らは、世によって堕落させられているのに、それに気づいていないのです。彼らは神に対する愛について語りますが、彼らの実は愛を示していません。彼らは、什一と諸献金において神から盗んでいるので、人を恥じ入らせる神の呪いが、彼らに臨みます。真理は、彼らのすべての道を照らしてきました。神は、彼らの家族の魂の救いにおいて、驚くべき働きをしてくださいました。しかし、彼らへの神のすべての憐れみのしるしに対する感謝としてささげられる諸献金は、どこにあるのでしょうか。大多数の人々には、野蛮な生き物のように感謝の気持ちがないのです。人類に対する犠牲は、最も賢明な知性も理解できないほど莫大なものでした。ところが、非常に大きな値を払って人類にもたらされたこれらの天来の利益の受け手であると主張している人々は、あまりにも利己的なので、神のためには本物の犠牲をまったく払わないのです。彼らの思いは、とにもかくにも世、この世の上に置かれているのです。詩編四九編に、このように書かれています。「財宝を頼みとし、富の力を誇る者を。神に対して、人は兄弟をも贖いえない。神に身代金を払うことはできない。魂を贖う値は高く／とこしえに、払い終えることはない」（詩編四九の七～九）。

もしすべての人々が、キリストによってなされたはかり知れない犠牲を考え、それをほんのわずかでも理解することができたなら、彼らは、自分たちの恐ろしさと、自分たちが途方もなく利己的であることに対する叱責を感じるでしょう。「わたしたちの神は来られる／黙してはおられない。み前を火が焼き尽くして行き／御もとには嵐が吹き荒れている。神はご自分の民を裁くために／上から天に呼びかけ、また、地に呼びかけられる。『わたしの前に集めよ／わたしの慈しみに生きる者を／いけにえを供えてわたしと契約を結んだ者を』」（詩編五〇の三～五）。利己心と世への愛のゆえに、神は忘れられ、多くの人々は、魂の空しさを抱き、叫ぶのです。「わたしは衰える、わたしは衰える」（イザヤ二四の一六）と。主は、神の民が公言している神への愛の深さを試し、彼らを立証するために、彼らに資金を貸与なさいました。そのうちのある人々は、彼らの地上での所有物を減らして、犠牲による神との契約を結ぶことよりも、神から離れ、天の宝を手放す方を選びます。神は、彼らに犠牲を払うように求めておられます。しかし世への愛が彼らの耳をふさぐので、彼らは聞かないのです。

わたしは、キリストの来臨を待望していると公言している人々のうちの、だれが、彼らの豊かな財産から、神への献げ物を喜んでささげる意志を持っているかを見つけようとしました。わたしは、あの貧しい寡婦のように、自らは切り詰めて暮らし、小額でも精いっぱいの寄付をしている数人の慎ましく貧しい人たちを見つけることができました。このようなすべての献げ物は、神によって尊い宝と見なされています。しかし、資金を獲得し、彼らの財産に加えている人々は、はるか後方にいます。彼らは、彼らの能力を考えると、何もしていないのと同じです。彼らは、蓄え、神のものを盗んでいます。欠乏に至ることを恐れているからです。彼らは、あえて神に信頼しようとしません。これが、一つの民として、わたしたちが非常に病的であり、非常に多くの人たちが墓にくだっている理由の一つなのです。強欲な人たちがわたしたちの中にいます。この世を愛する人たち、また、自分の雇用している人に切り詰めた暮らしをさせている人々が、わたしたちの中にいます。この世に何一つ持たず、貧しくて働くしかない人々が、つましく不正に取り扱われてきました。この世を愛する人が、無情な顔と、より無情な心で、厳しい労働によって稼がれた小額のお金を、いやいやながら支払ってきました。偉大な主人の僕であると公言している彼らは、それとちょうど同じような態度で、彼らの主人に支えられているのです。まさにこのいやいやながらという態度で、彼らは神の倉に収めているのです。たとえ話の男には、彼の財産を与える場がありませんでした。そこで主は、彼の無益な人生を短くしました。主は、多くの人々に同じように対処なさるでしょう。この堕落した時代に、世的に、また利己的に成長しないでいることは、なんと難しいことでしょう。わたしたちにすべての憐れみを与えてくださるお方に対して、感謝しない人になることは、なんと容易なことでしょう。不撓不屈の精神で魂を守るためには、常に目を覚ましていることと、多くの祈りとが必要です。「気をつけて、目を覚ましていなさい。その時がいつなのか、あなたがたに分からないからである」（マルコ一三の三三）。

教会への証　第2巻（分冊1）

2019年 2月20日　初版第1刷発行　

著　者　エレン・G・ホワイト
訳　者　山地　明
監訳者　高田路子
発行者　島田真澄
発行所　福 音 社
〒190-0011 東京都立川市高松町3-21-4　ハイブリッジ立川202
Tel. 042-526-7342　Fax. 042-526-6066
印刷所　㈱平河工業社

（乱丁、落丁がありましたら、お取り替えいたします）

ISBN978-4-89222-520-8